ASSOCIATION NATIONALE FRANÇAISE
POUR LA
...TION LÉGALE DES TRAVAILLEURS

LA

Réglementation professionnelle du travail

ET LE

...NTRAT COLLECTIF

PAR

Jean LEROLLE

Député

FÉLIX ALCAN ■ ■
■ MARCEL RIVIÈRE ■
■ ■ ■ ÉDITEURS

NOUVELLE SÉRIE N° 16

PRIX : 1 FRANC

COMITÉ DIRECTEUR DE L'ASSOCIATION

Paul CAUWÈS, doyen honoraire de la Faculté de Droit de l'Université de Paris, président honoraire de l'Association.

A. MILLERAND, député, ancien ministre, président.

Ed. BRIAT, secrétaire général de la Chambre consultative des Associations ouvrières de production, membre du Conseil supérieur du travail et de la Commission supérieure du travail dans l'industrie, vice-président.

A. LINBAUT, ingénieur, membre du Comité consultatif des arts et manufactures et de la Commission supérieure du travail dans l'industrie, vice-président.

Raoul JAY, professeur à la Faculté de Droit de l'Université de Paris, membre du Conseil supérieur du travail, secrétaire général.

Léon de SEILHAC, publiciste, délégué permanent du service industriel et ouvrier du *Musée social*, trésorier.

Georges ALFASSA, ingénieur civil, E. C. P.

Louis BARTHOU, député, ancien président du Conseil des Ministres.

Adéodat BOISSARD, professeur à la Faculté libre de Droit de Paris.

François FAGNOT, enquêteur à l'*Office du travail*.

Arthur FONTAINE, directeur du Travail au Ministère du Travail et de la Prévoyance sociale.

Arthur GROUSSIER, député.

Auguste KEUFER, délégué permanent de la Fédération française des Travailleurs du Livre.

Abbé LEMIRE, député.

André LICHTENBERGER, directeur-adjoint du *Musée social*.

Henri LORIN, ancien élève de l'Ecole Polytechnique.

Etienne MARTIN-SAINT-LÉON, bibliothécaire du *Musée social*.

Comte A. de MUN, député.

C. PERREAU, ancien député, professeur à la Faculté de Droit de l'Université de Paris.

Eug. PETIT, docteur en Droit, ancien chef du cabinet du ministre du Commerce.

Paul STRAUSS, sénateur, membre de l'Académie de médecine.

Paul PIC, professeur à la Faculté de Droit de l'Université de Lyon.

Ivan STROHL, industriel.

Edouard VAILLANT, député.

SIÈGE SOCIAL : 3, rue Las-Cases, PARIS, VII

ASSOCIATION NATIONALE FRANÇAISE
POUR LA
PROTECTION LÉGALE DES TRAVAILLEURS

LA

Réglementation professionnelle du travail

ET LE

CONTRAT COLLECTIF

RAPPORT

DE

M. Jean LEROLLE

Député de la Seine

PARIS

LIBRAIRIE FÉLIX ALCAN
MAISONS FÉLIX ALCAN & GUILLAUMIN réunies
108, BOULEVARD SAINT-GERMAIN, 108

MARCEL RIVIÈRE et Cie
LIBRAIRIE des SCIENCES POLITIQUES & SOCIALES
31, RUE JACOB, 31

1919

PUBLICATIONS A CONSULTER

Le contrat de travail (*Examen du projet de loi du gouvernement sur le contrat individuel et la convention collective*), par MM. PERREAU, professeur à la Faculté de droit de l'Université de Paris, et F. FAGNOT, enquêteur à l'Office du Travail, 1907. — Un volume, 218 p., in-16 (*Quatrième série*). — 3 fr. 50.

Le contrat de travail et le Code civil (*Examen des textes que la Commission du Travail de la Chambre des députés propose d'introduire dans le Code civil*), par MM. PERREAU, professeur à la Faculté de droit de l'Université de Paris, et GROUSSIER, député, 1908. — Un volume, 261 p., in-16 (*Cinquième série, n° 3*). — 3 fr. 50.

De la sanction par l'autorité publique des accords entre chefs d'entreprises commerciales et industrielles pour l'amélioration des conditions du travail, par MM. ARTAUD, membre du Conseil supérieur du Travail; MAURICE DESLANDRES, professeur à la Faculté de droit de l'Université de Dijon; JUSTIN GODART, député; 1912. — Une brochure, 80 p., in-16 (*Septième série, n° 3*). — 1 fr.

La réglementation légale de la convention collective de travail, par M. ARTHUR GROUSSIER, député, 1913. — Une brochure, 138 p., in-16 (*Nouvelle série, n° 4*). — 1 fr. 50.

Félix ALCAN et Marcel RIVIÈRE, éditeurs.

La Réglementation professionnelle du travail

ET LE

CONTRAT COLLECTIF

Assemblée générale du 4 Mars 1919

Présidence de M. A. MILLERAND

M. LE PRÉSIDENT. — Mesdames, Messieurs, mon collègue et ami, M. Jean Lerolle, a bien voulu accepter d'entretenir l'Association, aujourd'hui, de la question du contrat collectif du travail; je lui donne la parole.

Rapport de M. Jean LEROLLE

MESDAMES,
MESSIEURS,

Je n'ai pas besoin, parlant ici, devant votre assemblée, de démontrer l'importance du contrat collectif de travail.

Vous savez le rôle que, dès avant la guerre, il jouait dans le règlement des rapports entre employeurs et salariés.

En 1910 : 252 contrats étaient passés,
          202 en 1911,
          104 en 1912,
          67 en 1913.

Pendant la guerre, dès que la vie économique a pu reprendre, de nouveau, le contrat collectif est apparu comme l'indispensable instrument de conciliation et d'organisation.

« Au total, disait l'autre jour à la tribune du Sénat l'honorable M. Colliard, ministre du Travail, on a passé, en 1918, 253 conventions collectives, contre 134 en 1917. »

Nul doute que, demain, la pratique du contrat collectif ne prenne une nouvelle extension.

Plus que jamais l'organisation du travail est une nécessité. J'entends par là l'établissement d'un régime stable, garantissant les droits réciproques des employeurs et des employés, réglant leurs rapports, fixant les heures de travail et les salaires, donnant en un mot aux différentes professions leur statut.

C'est la condition nécessaire du développement indispensable de notre production.

De tous côtés j'entends entonner des hymnes à la production. Il faut produire, dit-on. Il faut produire beaucoup. Produire pour relever nos ruines, produire pour assurer notre commerce d'exportation, produire si nous ne voulons pas être écrasés sous le poids des charges que quatre années de guerre ont fait peser sur nous.

Tout cela est vrai. Oui, il faut produire, et produire beaucoup.

Mais la première condition du développement de la production nationale, c'est un régime du travail qui garantisse à tous les travailleurs des conditions humaines de travail et qui par là assure la paix et l'ordre dans nos industries.

Il est des hommes, paraît-il, qui croient sincèrement que l'après-guerre verra une réaction contre l'effort de législation sociale et d'organisation qui a marqué les dernières années de l'avant-guerre ; qui s'imaginent que le « laisser faire » est la première condition du développement industriel ; de bonne foi, je n'en doute pas, ils se trompent.

Plus que jamais l'organisation du travail s'impose. Hors de là, c'est le désordre, l'agitation, le conflit à l'état permanent : c'est-à-dire les conditions les plus détestables qu'on puisse imaginer pour l'activité industrielle.

***

Mais comment réaliser l'organisation du travail ?

Par la législation sociale ?

Évidemment. Je suis de ceux qui croient à la nécessité de l'intervention légale en ces questions. C'est une des plus hautes missions de l'État d'intervenir pour assurer le respect de la justice, de la vie, de la dignité des travailleurs, pour les protéger contre les abus d'une concurrence sans frein.

« Entre le fort et le faible, le riche et le pauvre, a dit Lacordaire, entre le maître et le serviteur, c'est la liberté qui opprime et la *loi* qui affranchit. »

Toute l'histoire industrielle du xixe siècle est là pour illustrer la parole du grand dominicain.

Mais l'intervention législative a ses limites. Par sa définition même la loi est générale, et la réalité est complexe. La loi fixe une norme unique. Elle se plie mal aux différences des professions, des temps, des régions.

Elle fixe des *maxima* et des *minima* : elle fixe les limites extrêmes entre lesquelles doit se mouvoir l'activité industrielle. Elle ne peut entrer dans la diversité infinie des situations. Quand elle s'y essaie, elle est impuissante ou risque d'être malfaisante.

Elle est, d'ailleurs, une lourde machine, lente à se mettre en mouvement, lente à se mouvoir, trop lente pour suivre dans ses fluctuations et ses nécessités changeantes la vie industrielle.

Si nécessaire qu'elle soit, la législation sociale ne peut donc, à elle seule, créer l'organisation du travail. Il est nécessaire qu'intervienne un autre organisme réglementaire, une autorité plus proche de la réalité, plus capable de s'y adapter, plus souple et plus rapide, une autorité professionnelle qui, dans le cadre de la loi, et en suivant les directions données par elle, fixe, pour chaque profession et pour chaque région, les règles du travail.

*
* *

Cette autorité, c'est la commission mixte ; cette loi plus souple, cette loi professionnelle, c'est le contrat collectif.

Seulement — et c'est ici que j'arrive au point central du problème, — cette loi professionnelle, dans l'état actuel de notre droit, a en elle-même une double faiblesse qui, en fait, en diminue trop souvent l'autorité et l'efficacité.

D'abord — juridiquement — elle ne lie que les organisations contractantes.

Restent donc en dehors de son application tous ceux qui ne sont adhérents ni au syndicat patronal, ni au syndicat ouvrier.

Pour eux elle n'a — si j'ose m'exprimer ainsi — qu'une valeur indicative. Pour éviter des difficultés avec leur personnel, ils pourront bien adopter les tarifs ou les fixations d'heures de travail déterminés par la convention : ni directement ni indirectement ils n'y sont tenus.

Et vous voyez de suite, Messieurs, quel danger il y a dans cette situation pour l'avenir de la convention. Ces industriels, ces commerçants qui n'appliquent pas le tarif sont pour leurs confrères, liés par la convention, des concurrents. Par le fait qu'ils continuent les anciennes coutumes, qu'ils payent les anciens salaires, qu'ils pratiquent les journées plus longues, ils se trouvent dans la lutte économique dans une situation plus favorable. La tentation ne sera-t-elle pas bien forte, pour les industriels et les commerçants engagés dans le contrat, de s'en dégager, soit en laissant peu à peu tomber la convention en désuétude, soit en sortant du syndicat?

C'est là, en effet, la seconde cause de faiblesse du contrat collectif.

Contrat passé entre deux organisations, il n'est obligatoire pour les membres de ces organisations qu'autant qu'ils demeurent liés à elles.

Or, — est-il besoin de vous le rappeler? — l'article 7 de la loi du 21 mars 1884 décide que tout membre d'un syndicat professionnel peut se retirer à tout instant de l'association, nonobstant toute clause contraire.

Par conséquent, il suffira à un employeur de donner sa démission du syndicat pour reprendre sa liberté, et s'affranchir de la réglementation à laquelle, par l'intermédiaire de la chambre syndicale, il avait consenti.

De même, il suffira à un groupe d'ouvriers de sortir du syndicat, de former une autre organisation, pour avoir le droit de réclamer de nouvelles conditions de travail, et mettre à néant tout l'effort d'organisation, dont le contrat collectif avait été l'expression.

Et ainsi la question se pose : comment assurer aux ententes entre organisations ouvrières et patronales leur pleine efficacité ? Comment leur donner autorité et sanction ?

*
* *

A cette question, je crois qu'il n'est pas possible de trouver de solution satisfaisante, si on ne se décide à sortir du domaine du droit civil, du domaine des libres conventions, pour entrer résolument dans le domaine du droit réglementaire et administratif.

C'est, déjà, ce que vous proposait M. Maurice Deslandres, dans la séance du 20 mai 1912.

M. Deslandres, professeur à la Faculté de Dijon, vice-président de la Ligue sociale d'Acheteurs, vous apportait l'expérience de la Ligue. Il vous montrait les difficultés auxquelles elle s'était heurtée à Dijon, à Aix, à Amiens, à Clermont-Ferrand, à Lille, dans sa campagne pour la fermeture des magasins le dimanche. Tantôt l'opposition d'une infime minorité avait suffi pour empêcher l'accord entre commerçants, tantôt, l'accord intervenu, la désertion de quelques-uns des signataires avait suffi pour briser la convention et entraîner la reprise du travail du dimanche.

M. Deslandres vous demandait de donner à l'autorité municipale le pouvoir de rendre obligatoires par voie d'arrêté les accords intervenus entre commerçants pour la réglementation du travail.

Et après une discussion serrée à laquelle prenaient part MM. Artaud, Viennet, mort depuis sur le champ de bataille de l'Yser, Godard, Jay, Motteau, votre assemblée émettait le vœu que le législateur « examinât dans quelles conditions l'autorité municipale, sur son initiative, sur celle de la majorité des patrons, ou sur celle des syndicats patronaux ou de syndicats d'employés ou d'ouvriers, et après enquête auprès de tous les intéressés et du public, pourrait rendre ces accords obligatoires pour toute la profession. »

C'est dans le même sens aussi que, plus récemment, au cours de cette guerre, en 1918, la Commission mixte de la Seine établie pour étudier les conditions de la reprise de la vie économique se prononçait.

Appelée à étudier le projet sur le contrat collectif de travail, rapporté à la Chambre par l'honorable M. Groussier, et actuellement soumis à la discussion du Sénat, la Commission mixte de la Seine était saisie d'un amendement de M. Luquet tendant à compléter le texte voté par la Chambre.

Cet amendement était ainsi conçu :

La convention collective intervenue entre syndicats patronaux et ouvriers qualifiés pour représenter les intérêts généraux d'une profession dans une région déterminée peut, à la demande des syndicats contractants, être étendue par arrêté préfectoral et, dans la mesure où les dispositions de ladite convention ne sont pas contraires aux lois, à tous les employeurs et salariés de la profession et de la région.

Les arrêtés pris en vertu de l'alinéa précédent sont déposés aux secrétariats des conseils de prud'hommes et, à leur défaut, aux greffes des justices de paix du ressort de leur application, et publiés par les soins du préfet dans les conditions déterminées par un règlement d'administration publique.

Lesdits arrêtés sont exécutoires le neuvième jour de leur publication si, dans la huitaine qui suit la publication, ils n'ont pas fait l'objet d'une protestation motivée de la part des intéressés et adressée au préfet.

La ou les protestations sont communiquées aux syndicats contractants et sont portées devant la Commission centrale instituée par l'article 334 du livre 1er du Code du Travail et de la Prévoyance sociale.

Cette Commission statuera sur les protestations, dans la quinzaine à dater du jour où elle sera saisie par les soins du ministre du Travail et de la Prévoyance sociale.

Pour statuer sur ces protestations, la Commission centrale est composée comme il est dit à l'article 334 du livre 1er du Code du Travail et de la Prévoyance sociale, à l'exception des membres du Conseil du Travail ou du Comité départemental de salaire que remplaceront, mais à titre consultatif seulement, un délégué de chacun des syndicats contractants et le préfet qui a pris l'arrêté y relatif ou son représentant.

****

C'est dans ces conditions qu'à la date du 19 novembre dernier j'ai cru devoir saisir la Chambre de la proposition de loi sur laquelle j'ai maintenant à m'expliquer devant vous.

Qu'est-ce que je demande ?

Le système que je propose s'inspire du texte voté par la Commission mixte de la Seine, mais il modifie la procédure adoptée par elle.

Lorsqu'une convention collective aura été conclue, soit entre un syndicat patronal et un syndicat ouvrier, soit entre un groupement quelconque de patrons et d'ouvriers, — par exemple, au lendemain d'une grève, entre le comité patronal et le comité de grève — en vue de régler les conditions du travail dans une profession et dans une région déterminée, l'une des parties contractantes pourra demander à l'autorité administrative, —

le *Préfet*, si la région intéressée ne dépasse pas les limites du département, le *Ministre*, si la région intéressée dépasse les limites du département, — de publier cette convention et de la rendre obligatoire pour tous les employeurs et tous les salariés de la profession et de la région, qu'ils soient ou non syndiqués.

L'autorité administrative, ainsi saisie par l'un des contractants, n'est pas liée par la demande qui lui est adressée.

Elle n'est pas obligée de donner sa sanction à la convention collective.

Sa liberté est absolue.

Saisie de la demande, elle devra d'abord s'informer — si elle ne l'est déjà — de la valeur des organisations contractantes.

Il va de soi, en effet, qu'elle n'aurait pas à intervenir s'il s'agissait d'une convention passée entre des organisations sans autorité.

Si, à la suite de ce premier examen, il apparaît à l'autorité administrative qu'il peut y avoir lieu à intervention, alors s'ouvre la procédure administrative.

Une sorte de referendum est institué pour permettre à tous les intéressés de faire connaître leur sentiment

D'abord le préfet adresse communication de la convention collective à tous les syndicats patronaux et ouvriers de la région et de la profession. Il serait, en effet, injuste — et il pourrait être parfois extrêmement dangereux — là où il y a pluralité d'organisations, qu'une convention collective passée entre telle et telle organisation fût homologuée et généralisée sans que les autres syndicats fussent consultés.

Supposez, par exemple, dans une région, un syndicat fantôme s'entendant avec une collectivité patronale et réussissant à obtenir l'homologation préfectorale à l'insu des autres organisations ; il pourrait en résulter une situation qui léserait profondément les intérêts légitimes de l'ensemble des intéressés.

Il faut donc que toutes les organisations existantes soient averties et consultées.

Il faut aussi que les non-syndiqués — patrons et ouvriers — soient avertis de la réglementation projetée et puissent faire entendre leurs observations.

Il peut se faire, en effet, que les organisations contractantes ne représentent pas réellement les intérêts de l'ensemble de la profession. Il peut se faire que toute une catégorie de ceux qui seraient soumis à la réglementation n'ait pas été représentée au contrat.

Je suppose, par exemple, un contrat passé entre une chambre syndicale représentant la grande industrie, et un syndicat ouvrier. Il serait inadmissible que le contrat fût étendu à l'ensemble de la profession sans que les moyens ou les petits industriels qui, par hypothèse, n'auraient pas été représentés au contrat, puissent faire entendre leur voix.

Le préfet fera donc connaître, par voie d'affiches, le projet de réglementation à tous les intéressés.

Dans les quinze jours qui suivront cette publication, les intéressés qui auraient quelques observations à présenter devront les faire connaître, en motivant leur opposition.

Et, alors, de deux choses l'une :

Ou aucune protestation ne se produira.

Dans ce cas le préfet promulguera la convention collective, qui de ce fait deviendra obligatoire pour la profession et la région.

Ou des protestations se produiront.

Dans ce cas, le préfet transmettra le dossier (convention et protestation) au ministre du Travail, lequel sai_sira immédiatement la Commission permanente du Conseil supérieur du travail.

Celle-ci, saisie par le ministre, entendra les protestataires, les organisations signataires, ou prendra connaissance de leurs mémoires, et statuera.

Si l'opposition est rejetée, alors le préfet promulgue la convention.

Si l'opposition est reconnue fondée, alors pas d'arrêté préfectoral, pas d'extension : la convention joue seulement, suivant la règle générale des contrats, et ne lie que les contractants.

*

Comme vous le voyez, Messieurs, le principe, c'est celui que vous avez adopté sur le rapport de M. Deslandres, c'est celui de la Commission mixte de la Seine.

La différence entre le système que je propose et celui adopté par la Commission mixte de la Seine et par M. Strauss, au Sénat, c'est :

1° Que je fais précéder la promulgation de l'arrêté préfectoral d'une consultation des intéressés — tandis que le projet de la Commission mixte réserve seulement aux intéressés un droit d'opposition, après la promulgation de l'arrêté;

2° Que j'attribue compétence, pour statuer sur les oppositions, à la *Commission permanente du Conseil du Travail*, tandis que la Commission mixte fait juger ces oppositions par la Commission supérieure des salaires instituée par la loi du travail à domicile, qui m'apparaît comme peu compétente pour une telle tâche.

*

Voilà le projet.

Il peut se résumer d'un mot :

Donner aux intéressés, donner à la profession le moyen de se réglementer elle-même, et de faire sa loi.

*
* *

Je ne me dissimule pas les objections.

Elles ont été formulées, l'autre jour, à la tribune du Sénat, lors de la discussion du projet Strauss, par MM. Boivin-Champeaux et Touron.

Le projet, ont dit les honorables sénateurs, viole ce principe traditionnel de notre droit que les conventions ne lient que les parties contractantes.

L'objection serait valable, si nous nous trouvions ici en matière de droit civil, de droit individuel. Oui, en matière de droit civil, la convention, qui est la loi des parties. ne lie que ces parties.

Mais, ici, il ne s'agit pas de contrat civil, il s'agit de réglementation du travail ; il ne s'agit pas de droit individuel, mais de droit social.

Il s'agit d'une réglementation à établir par le concours des intéressés et de l'autorité publique.

La régle des contrats ne saurait être invoquée.

D'ailleurs, grâce à la consultation préalable que je propose d'instituer, il n'est pas possible de dire que la convention collective est étendue, en dehors d'eux, à tous les intéressés. Tous sont appelés à y prendre part. L'intervention de l'autorité publique n'a d'autre effet que de sanctionner l'avis de la majorité.

Mais, alors, a-t-on dit, c'est le retour à la corporation d'ancien régime.

Vous connaissez l'objection. Vous l'avez rencontrée maintes fois ; chaque fois qu'il s'est agi de réglementer le travail, on vous a opposé le dogme de la liberté du travail et évoqué le spectre de l'ancien régime corporatif.

Je ne crois pas que cette nouvelle évocation doive nous arrêter.

Personne ici ne songe à faire revivre l'ancien régime corporatif. On ne ressusite pas ce qui est mort. L'ancien régime corporatif correspondait à une situation économique et sociale qui a disparu. Vouloir le faire revivre serait faire de l'archaïsme. Nous ne sommes pas des archéologues.

Mais le travail moderne cherche son organisation. Ce n'est pas faire de l'archaïsme, c'est au contraire faire œuvre actuelle, c'est répondre aux nécessités de l'heure, que chercher à l'organiser.

C'est ce que j'ai tenté de faire.

DISCUSSION

M. LE PRÉSIDENT. — Je suis sûr d'être votre interprète en remerciant M. Lerolle de la très intéressante communication qu'il vient de nous faire et que vous aurez, j'en suis persuadé, grand profit et grand plaisir à examiner plus à fond.

La parole est à M. de Las-Cases.

M. DE LAS-CASES. — Je suis venu pour m'instruire, car on s'instruit à tout âge. C'est un peu plus difficile quand on est vieux, parce que le cerveau est plus dur, mais, quand on a la bonne fortune d'entendre un ami et un maître comme Jean Lerolle, on essaie, malgré son âge, d'arriver à se faire des idées nouvelles.

Il y a, dans le projet qui nous est présenté, quelque chose qui me séduit beaucoup, mais, en même temps, une objection que j'ai beaucoup de peine à résoudre. Je suis désireux, comme tout le monde, de voir, autant que possible, les questions du travail résolues de manière à aboutir à des solutions qui ne soient pas des solutions de grèves, des solutions de heurts, des solutions de haine, entre les patrons et les ouvriers. J'admets très volontiers que l'Etat intervienne pour faire des lois ; et, sans être un étatiste déclaré, je pense cependant, comme Lacordaire, qu'il y a des cas où c'est la liberté qui opprime et la loi qui libère.

Lorsqu'est venue devant le Sénat la question du repos hebdomadaire, j'ai, à la proposition qui était faite, substitué une autre proposition qui est devenue, à peu de

chose près, la loi actuelle. Je n'en revendique pas la paternité, d'ailleurs ; j'ai tout à fait l'âme de la femme de Salomon qui préférait voir son fils vivre quand même, plutôt
que de le voir couper en deux. Que l'enfant ait mon nom
ou un autre, cela m'est égal, pourvu que le public en profite. J'ai soutenu la loi de toutes mes forces, et, grâce à
l'intervention de Lamarzelle et d'autres de mes amis,
nous avons réussi. Grâce aussi au Conseil supérieur du
Travail, nous n'avons eu aucun effort d'imagination à fournir pour faire prévaloir le repos hebdomadaire. Nous
avons simplement pris comme contre-projet le projet du
Conseil supérieur du Travail sans en changer un iota, et
nous l'avons défendu comme le Conseil l'avait organisé.

J'ai été très frappé de la nécessité d'une loi pour le
repos hebdomadaire. On a fait, en France, une campagne
très généreuse et très juste pour l'organisation du repos
hebdomadaire. Dans certaines communes, on avait
abouti à des contrats, à des ententes entre les patrons ;
mais il a suffi qu'à Limoges, par exemple, un ou deux
patrons, trouvant très avantageux de rester ouverts le
dimanche lorsque tous les autres magasins étaient fermés,
aient rompu le contrat, pour qu'immédiatement tous les
autres magasins, en face de cette concurrence, aient été
forcés également de renoncer à leurs desiderata. Une loi
s'imposait donc.

Je ne vois pas d'inconvénient, personnellement, à faire
jouer la loi. Mais il faut y recourir avec une certaine prudence. La liberté est préférable toutes les fois qu'on peut
substituer la liberté à la loi. Lorsque la liberté ne suffit
pas, je reconnais que la loi doit être faite, et la loi sur le
repos hebdomadaire reste, dans ma carrière, un de mes
meilleurs souvenirs.

Ce qui me préoccupe dans la situation actuelle, c'est

que ce n'est pas une loi qui aura force de loi, si j'ose ainsi m'exprimer, mais une simple décision du préfet.

J'ai écouté, avec grand soin, les observations qui ont été présentées et la distinction que mon excellent ami Lerolle a bien voulu établir entre le contrat de droit civil et le contrat social. C'est une législation tout à fait différente. Jusqu'ici, nous avions toujours vécu sur cette idée — qui était entrée dans notre cerveau comme ces clous qu'on ne peut plus arracher — que le contrat fait la loi des parties, et que le contrat passé entre Pierre et Paul ne peut pas lier Jacques : *res inter alios acta*. Voilà, au contraire, un contrat qui, passé entre deux organisations ou deux personnes, ou peut-être avec un fantôme d'organisation, va lier toute une corporation.

J'ai tout de suite formulé dans mon esprit une hypothèse. J'ai très peu l'esprit abstrait, c'est une infirmité parmi d'autres ; j'aime à voir les choses d'une façon concrète, et j'ai envisagé le cas suivant : Voilà une ville dans laquelle existent un certain nombre de patrons ayant une industrie ancienne et prospère. Il vient se fonder là une industrie nouvelle qui peut faire travailler peut-être à meilleur marché parce qu'elle a des outils meilleurs. L'industrie nouvelle est gênée par le groupe des anciens patrons qui ont un nom, qui ont une clientèle, qui ont une réputation. On fomente une grève ou un fantôme de grève. On donne des prix supérieurs. Les prix supérieurs sont acceptés par les ouvriers, naturellement. Ensuite, on va trouver le préfet, on lui dit : « Voilà ce que nous avons fait, comité d'ouvriers d'une part, syndicats patronaux d'autre part ; vous allez étendre cela à toute la région ». Il est très possible que les anciens industriels ne puissent pas accepter ; ils ont peut-être, par exemple, accordé certains avantages, organisé des œuvres sociales, cons-

truit des maisons ouvrières, fait certaines dépenses à
côté. Est-ce que, du jour au lendemain, un arrêté du
préfet, même en ayant pris certaines précautions, va pouvoir tout bouleverser ?

J'ai le plus grand respect pour les préfets en temps
d'Union sacrée, mais en d'autres temps... Je ne suis pas
persuadé que le préfet soit la compétence même en matière
de travail. Je lui accorde toutes les qualités, toutes les
vertus, et je suis convaincu qu'entre un patron qui sera
un « bon électeur » et un patron qui sera un « mauvais
électeur », c'est le mauvais qui « prendra ». (*Sourires*).

J'en suis convaincu, mais enfin il y a des gens qui
ont un esprit moins bon que le mien et qui se diront :
« Mais c'est le préfet qui va faire la loi ! C'est le préfet
qui pourra tuer notre industrie, c'est bien dur ! »

J'avoue que cette solution, même après une enquête, est
de nature à ne pas me donner une entière satisfaction.
Je m'empresse d'ajouter que le rapport de M. Lerolle m'a
rassuré dans une certaine mesure, à ce point de vue...

M. Lerolle. — Le préfet entérine simplement...

M. de Las-Cases. — Il entérinera une enquête qui peut
être très difficile, très diverse. Il n'est pas bien sûr qu'il
comptera le nombre de personnes dans un sens et celles
dans l'autre. Il entérinera comme il voudra. Une fois que
la décision sera entérinée, vous aurez bien un recours,
mais cette voie de recours sera bien désagréable puisqu'elle consistera à casser un arrêté d'un préfet. *Res
sacra praefectus.*

Je serais peut-être d'accord avec vous — vous voyez
combien je deviens hérétique au point de vue civil — si
vous commenciez par vous adresser à une administration
au-dessus de tout soupçon et d'une sûre compétence ; si

vous accordiez que la première décision doit être prise par la Commission permanente du Conseil supérieur du Travail, composée partie de patrons, partie d'ouvriers, partie de jurisconsultes...

M. JAY. — Pas de jurisconsultes !

M. DE LAS-CASES. — Je les accepterais, cher ami, s'ils étaient comme vous, et je crois qu'aucun ouvrier, aucun patron ne s'en plaindrait, car on connaît votre grand libéralisme, votre profond sens social et votre impartialité.

J'aurais donc préféré que la première décision fût prise par une commission de cette nature et qu'en voie d'appel il fût possible d'avoir recours à une autre juridiction qui inspirerait toute confiance, elle aussi.

M. Lerolle a dit une chose très juste dans son rapport. Il a dit : jusqu'ici c'était la loi seule qui pouvait faire cela. Je m'empresse de reconnaître que, malheureusement, nous avons une viabilité déplorable, des plus déplorables, et qu'il n'y a rien de long comme le tramway qui va de la Chambre des députés au Sénat et qui revient du Sénat à la Chambre. Il se produit que, quand on arrive à se mettre d'accord, la législature a changé — non pas au Sénat, mais à la Chambre, — ou que, du moins, la législation qu'on veut faire est inutile parce que vieillotte...

M. LEROLLE. — Il y a même parfois des accidents en cours de route... (*Sourires.*)

M. DE LAS-CASES. — Il faudrait donc chercher une commission, un tribunal qui entérinera les contrats collectifs avec une indépendance non seulement réelle — c'est beaucoup, l'indépendance réelle, — mais avec une

indépendance apparente. Je prétends que la justice, en
effet, est un peu comme les jolies femmes : il ne suffit pas
qu'elles soient foncièrement vertueuses et honnêtes, il
faut qu'elles aient les apparences honnêtes, parce que
si ces apparences manquent, c'est le mari qui est
ennuyé (*rires*). Si l'apparence manque, la justice perd la
plus grande partie de sa force. La France est un pays où
on a un très haut sens de la justice, mais à la condition
que les juges paraissent — c'est ce qu'ils sont en France
— absolument impartiaux. Le jour où vous aurez une
jurisprudence qui n'émanera pas d'un tribunal ayant
toutes les apparences de la compétence, de la connaissance et de l'idée de justice et d'impartialité, ce sera un
soulèvement contre votre mesure. Des décisions comme
celles-là, qui peuvent porter un gros coup à une industrie, sont des décisions qui peuvent soulever des
orages.

J'ajouterai encore quelques mots, si vous voulez bien
me le permettre.

Il me semble que le principe du contrat collectif
étendu parce qu'un certain nombre de personnes, dans
la région, l'ont voulu, devrait avoir non comme suite,
mais comme corollaire, une autre loi. Très souvent, il
arrivera qu'un patron ancien ne pourra accorder le contrat nouveau parce qu'il aura besoin de renouveler son
outillage. A ce propos, j'invoquerai l'exemple de la
Belgique, où on a fait de grandes choses avant la
guerre, où on en a fait d'admirables pendant la guerre,
car il n'y a pas un peuple au monde qui ait donné un
plus bel exemple que la Belgique, et je ne crois pas que,
dans l'Histoire, il y ait une nation plus belle que la Belgique, préférant, au besoin, la mort à son déshonneur et
à la négation de sa signature.

(*Applaudissements.*)

Ce que la Belgique a fait pendant la guerre et qui montre l'élévation de sa mentalité au point de vue social, elle l'avait en grande partie commencé, sinon élaboré, avant la guerre ; elle s'était préoccupée de la crise du petit commerce. Elle s'était aperçue, à la suite d'une enquête faite par tous les partis — car en Belgique tous les partis étaient appelés à participer aux consultations, — que ce qui faisait la faiblesse du petit commerce belge, c'était son insuffisance de crédit. Elle avait donc ouvert au petit commerce belge de très gros crédits, de manière à lui permettre de se perfectionner, de faire des progrès très importants.

Je vous demande pardon d'être un peu long, mais les vieillards aiment à raconter des histoires. Je vais vous faire une confession : j'ai toujours été l'adversaire du crédit jusqu'à ces dernières années parce que je raisonnais en particulier. Je me disais : « Un monsieur qui emprunte de l'argent pour boucler son budget est un homme perdu ; il ne diminue pas ses dépenses, au contraire, il les augmente. Comme, chaque année, viennent se joindre, aux dépenses ordinaires de son budget, les dépenses de ses emprunts, il est dans une bien mauvaise situation. » J'avais horreur du crédit : on ne m'aurait pas fait emprunter un sou pour tout l'or du monde. Mais je suis revenu de cette idée, au point de vue commercial et industriel. Vous voyez que, quoique vieux, le cerveau se modifie. J'estime que le grand élément, à l'heure actuelle, au point de vue social, celui qui peut permettre à ceux qui n'ont pour eux que le travail de lutter avec ceux qui ont pour eux le capital, c'est l'ouverture d'un crédit aux gens qui sont capables de l'employer d'une façon utile.

Pour cela, je demanderais la fondation de caisses,

comme les caisses rurales, appliquées à une foule de choses, dans lesquelles la caisse qui prête connaît personnellement celui auquel elle prête et quelle confiance il faut lui accorder. Une partie des subsides seraient fournis par l'Etat. Là, vous pouvez être tranquilles : tous les membres de la caisse étant engagés, ils ne prêteront pas à un monsieur qui n'emploiera pas son argent dans le commerce. Lorsque c'est l'Etat seul qui prête, il peut y avoir des erreurs — oh ! des erreurs de la meilleure foi du monde ! — mais, enfin, en matière de caisses rurales, on a vu des gens emprunter à 2 % au Trésor et qui plaçaient les sommes ainsi obtenues en rente sur l'Etat à 5 %. Je ne sais pas si c'était vraiment le but de la société de crédit et si on arrivait ainsi à développer l'agriculture ou le commerce. Partout où je vais, j'entends les négociants dire : « Si nous avions des banques organisées — et Dieu sait s'ils avaient bien organisé leurs banques en Allemagne, — nous pourrions reprendre notre commerce. »

Voilà, Messieurs, ce que j'avais à dire. Ce n'est pas une opinion personnelle que je développe, ce n'est même pas une suggestion, je soulève seulement un point pour qu'on puisse y répondre. Je crois que toutes les lois qui ont pour but de mettre le capital et le travail en accord, pour éviter les grèves et les conflits, doivent être prises en considération, mais encore ne faudrait-il pas arriver à un résultat contraire à celui que l'on recherche.

(*Applaudissements.*)

M. Lerolle. — M. de Las-Cases redoute de voir le préfet intervenir en première instance pour entériner la convention. Je lui ferai remarquer que l'objection porte contre le texte de la Commission de la Seine, mais pas contre celui que je propose, puisque le préfet n'intervient

pour entériner que lorsqu'aucune opposition ne se sera
produite...

M. DE LAS-CASES. — Ce sera bien rare...

M. LEROLLE. — Lorsqu'une opposition s'est produite,
le préfet ne prend aucun arrêté ; le dossier va à la Commission permanente du Conseil supérieur du Travail.
Donc, quand il y aura une opposition quelconque à l'en-
térinement de la convention, c'est la Commission permanente du Conseil supérieur du Travail qui statuera.
Quand elle aura examiné le cas qui lui est soumis, le
préfet interviendra. Je crois que cela vous donne satisfaction.

M. DE LAS-CASES. — Vous voyez que j'ai eu raison de
vous demander des explications puisque, dans une très
large mesure, celles que vous me fournissez me donnent
satisfaction.

M. BORDEREL. — Je crois qu'en voulant donner à la
Commission permanente du Conseil supérieur du Travail
le rôle que vous lui assignez dans votre pensée, vous lui
faites un cadeau dont elle ne demande pas à bénéficier.

La Commission permanente du Conseil du Travail,
vous le savez — et j'en fais partie depuis longtemps, par
conséquent j'en connais le fonctionnement — n'est pas
constituée pour examiner des différends qui peuvent
s'élever entre le capital et le travail, à la suite de conventions qui ont pu être passées. Elle a à examiner des
questions de principe, à donner son avis au Parlement
qui, lui, est chargé de faire les lois basées sur ces questions de principe.

Si l'on veut étendre les attributions de la Commission,
je n'y verrais pas un gros inconvénient, mais alors il

faut élargir ses cadres, afin de lui permettre de rendre presque des arrêts, presque des sentences arbitrales.

D'autre part, j'ai quelques observations à faire au sujet de la Commission mixte du département de la Seine, dont j'ai l'honneur d'être vice-président.

M. Strauss, son président, nous avait demandé d'examiner la question du contrat de travail; mais nous nous étions proposé l'examen du rapport de M. Groussier. M. Groussier avait indiqué des bases de contrat de travail. Je crois qu'on a fait souvent erreur à ce propos : on a confondu les bases qui doivent servir à établir les contrats de travail avec les contrats de travail eux-mêmes.

Après ce que vous venez de dire, après même le vœu qui a été émis par la Commission, — et je n'ai pas de peine à reconnaître que j'ai voté ce vœu, mais, à l'heure actuelle, j'en parle en mon nom personnel, parce que je sais qu'un certain nombre de patrons ne sont pas de mon avis, — je reconnais que le contrat de travail est une nécessité. M. le sénateur de Las-Cases l'a dit, et vous l'aviez dit avant lui : il est indispensable de créer un statut entre l'employeur et l'employé; nous devons tous faire nos efforts pour l'obtenir et je suis persuadé que nous en tirerons tous les plus grands bénéfices.

Nous aurons là une tranquillité relative. Je dis relative, parce qu'un contrat de travail ne peut pas être fait pour une durée indéterminée. Personnellement, j'ai, comme président d'une Chambre syndicale, passé deux contrats de travail qui ont duré, tous les deux, sept années. Pendant ces sept années, nous avons été tranquilles; pendant ces sept années, les ouvriers d'une part, et les patrons de l'autre, ont respecté les engagements qu'ils avaient pris.

Si je suis revenu sur le vœu qui a été émis par la Commission mixte, c'est que, à l'Hôtel de Ville, nous ne sommes pas des législateurs : nous n'avons entendu qu'indiquer de grandes lignes, c'est-à-dire ce que nous considérions comme pouvant donner satisfaction au commerce, à l'industrie, tant du côté patronal que du côté ouvrier. Quand nous avons accepté le vœu de M. Luquet, j'avoue que ni les uns ni les autres ne savions quelles en pouvaient être les conséquences.

Le préfet, chargé de trancher entre les propositions émises d'un côté et celles émises de l'autre, me paraît peu indiqué, je le dis très sincèrement, pour établir le statut qui régira patrons et ouvriers. Les quelques renseignements qu'il peut avoir de droite et de gauche peuvent émaner d'une minorité, peuvent ne pas représenter vraiment les desiderata du commerce ou de l'industrie, et, quand je dis cela, je me place aussi bien au point de vue patronal qu'au point de vue ouvrier. Est-il donc bien qualifié? J'en doute.

D'autre part, une question se pose, à laquelle vous ne répondez pas dans votre intéressant rapport. Vous avez parlé de sanctions du contrat collectif de travail. Or, je ne vois pas ces sanctions, et cela pour la bonne raison que je me demande s'il peut même en exister.

Un contrat de travail, ce n'est pas tout à fait un contrat ordinaire, ce n'est pas tout à fait la même chose qu'un contrat de louage, par exemple, qu'un contrat d'achat, qu'un contrat de location. Ceux-ci sont bien nettement définis; ils ne frappent qu'une certaine quantité de personnes; les tribunaux sont là pour trancher les difficultés qui peuvent surgir entre les parties contractantes.

Avec le contrat de travail, la question est beaucoup plus complexe. Si quelqu'un ne veut pas le respecter, même après que le préfet aura donné son avis, qu'allez-vous faire? Est-ce que vous pourrez poursuivre?

M. Lerolle. — Mais certainement.

M. Borderel. — J'envisage la situation du point de vue pratique, et je crois que cela vous sera très difficile.

Quelles sont les sanctions qu'un tribunal pourra prendre? Je suppose que les ouvriers et les patrons d'une profession ont passé un contrat. Pour un motif très légitime — augmentation du coût de la vie, modifications dans l'industrie, dans l'outillage — on ne peut pas continuer à respecter le contrat. Que ferez-vous? Rien.

Le contrat collectif de travail doit être respecté de bonne foi ; c'est la volonté seule des parties de le respecter qui peut donner une certaine force à ce contrat. S'il y a mauvaise foi, s'il y a mauvaise compréhension du contrat, il n'y a rien à faire contre cela, ou plutôt, il n'y a qu'à faire un autre contrat de travail ; mais je ne crois pas qu'on puisse faire respecter un contrat en ayant recours à des sanctions que pourrait prendre un tribunal.

J'admets très bien un arbitrage, mais cela ne constitue pas une sentence obligatoire. Nous avons vu des arbitrages rendus par des hommes d'une importance considérable soit politique, soit économique, soit judiciaire, et nous avons vu aussi que ces sentences n'ont pas toujours été respectées.

Au fond, il y a là une question d'honneur et de bonne foi. Tant que nous nous adresserons à des gens qui ont de l'honneur et de la bonne foi, nous sommes à peu près assurés que le contrat vivra un certain temps, peut-être le temps déterminé audit contrat. Je le souhaite de tout cœur, car, pour la stabilisation des salaires, pour la stabilisation des prix de revient, pour la stabilisation des ententes avec les fournisseurs ou avec les clients, il est indispensable que nous ayons une sécurité relative. Cela ne saurait être éternel ; un contrat agira pendant deux, pendant trois ans. Je vous ai cité deux contrats qui ont duré 7 ans. Je souhaite que tous les contrats qu'on va faire durent 7 ans et qu'on n'ait pas à recourir à autre chose qu'à un renouvellement de contrats quand il se présente des modifications dans la vie sociale, dans la vie économique ou dans la vie industrielle.

(Applaudissements.)

M. MILLERAND. — Dans la partie de ses observations qui a trait à la généralisation du contrat collectif de travail, M. Borderel, pour des raisons peut-être un peu personnelles, a écarté le cadeau que M. Lerolle voulait faire à la Commission permanente du Conseil supérieur du Travail. Il se peut que la Commission permanente du Conseil supérieur du Travail, dans sa composition et dans ses attributions, ait besoin d'être modifiée, pour jouer le rôle que veut lui donner notre rapporteur.

Je considère, pour ma part, que c'est une des parties les plus originales et les plus utiles du projet de M. Lerolle, que celle qui consiste à donner à la Commission permanente du Conseil supérieur du Travail ces attributions.

Comme le faisait remarquer très justement M. de Las-Cases, il y aurait beaucoup à dire — et je crois que c'est ce qui a fait échouer, on peut dire unanimement, la proposition rapportée par M. Strauss au Sénat — sur le pouvoir qui serait donné à une autorité locale, que ce soit le préfet, le maire ou toute autre, de statuer sur des questions si délicates par voie d'arrêté. Il est tout à fait important, d'une part, que l'autorité qui aura à appliquer la loi ait figure de juridiction et, d'autre part, qu'elle n'exerce pas ses fonctions dans la région pour laquelle sont pris des arrangements. A ces deux points de vue, j'estime que la proposition de M. Lerolle est tout à fait digne d'être examinée avec faveur, et c'est pour cela que je me suis permis d'apporter une légère réserve aux observations si intéressantes présentées par M. Borderel.

M. BORDEREL. — Je ne m'élève pas contre les attributions données à la Commission, mais encore faut-il apporter certaines modifications dans sa composition.

M. RENARD. — J'ai été mêlé étroitement à l'élaboration du vœu émis par la Commission mixte de la Seine, et je crois qu'il est utile, pour notre discussion, de vous en faire en quelque sorte l'historique.

A la fin de décembre 1917, M. Strauss, président de cette Commission, apporta devant la Commission l'idée qu'il fallait, dans le délai le plus court, faire un rapport sur la convention collective de travail, car la chose allait être discutée au Sénat. On nomma une sous-commission, qui fut composée, suivant la coutume, moitié d'ouvriers et moitié de patrons. Voici, du reste, quels étaient les membres de la Commission, ce détail peut avoir son intérêt : côté ouvrier : MM. Chanvin, Cézan, Jouhaux, Milleral et Keufer; côté patrons : MM. Bellamy, Borderel, Doucède, de Ribes-Christophle et Kempf. Et, comme il fallait un président, on choisit quelqu'un qui n'était ni ouvrier ni patron, qui, à ce titre-là, pouvait servir d'agent de liaison entre les deux groupes ; c'est ainsi que j'eus l'honneur d'être nommé président de la sous-commission.

Cette sous-commission était obligée d'aller vite, car M. Strauss nous avait dit que la discussion commencerait au Sénat au mois de janvier 1918. Par conséquent, la sous-commission prit comme base le rapport de M. Groussier; elle se contenta, après une discussion qui dura au moins 7 ou 8 séances, d'apporter un certain nombre de modifications, d'amendements à la loi telle qu'elle avait été transmise par la Chambre au Sénat.

Puis, je fus rapporteur de la sous-commission. Seulement, étant obligé de quitter Paris à ce moment-là, je ne pus pas moi-même défendre mon rapport. Ce fut M. Doucède — un patron — qui fut chargé de me remplacer dans cette fonction. Je dis cela parce que vous pourriez être étonnés qu'ayant été rapporteur de la commission, je ne défende pas le texte de l'amendement dont il est ici question.

Voici, en effet, ce qui se passa. A la Commission plénière, lorsqu'elle se réunit, il y eut deux séries d'amendements présentés. La première série fut présentée du côté patronal par M. Jouanny, si je ne me trompe : il apporta même un véritable contre-projet. Du côté ouvrier, au nom de la C. G. T., M. Luquet apporta, à son tour, des amendements importants, et le plus important de tous, c'est celui dont il est question aujourd'hui.

Je regrette, je dois le dire, qu'il n'y ait pas ici quelqu'un du côté ouvrier ; car il serait bien utile qu'il y eût un représentant de cette fraction, pour défendre l'amendement de M. Luquet. Moi-même je n'ai pas assisté à la discussion ; j'ai su simplement, par le procès-verbal, qu'il y avait eu des correctifs apportés à l'amendement de M. Luquet et qu'en somme cet amendement avait fini par être adopté à l'unanimité par les membres présents, patrons et ouvriers.

Voilà le fait qui, je crois, a son importance, et qu'il est bon de signaler ici.

J'ajoute encore ceci : il est évident que, dans le projet de la Commission mixte, dans le projet de M. Strauss, aussi bien que dans le projet de M. Groussier, il y a l'amorce d'un droit nouveau. Il n'est pas douteux qu'il y a ce que j'ai appelé moi-même, dans mon rapport, le commencement d'un droit social, droit qui vient du fait qn'on ne contracte plus entre individus, mais qu'on contracte entre organisations, entre associations. Ce droit social est légitimé en quelque sorte, rendu même absolument nécessaire par ce fait que nous avons des lois qui autorisent les associations sous toutes leurs formes et que ces associations ont entre elles des rapports juridiques imprévus.

Dans le projet même de M. Groussier, dans celui qui a été adopté, si je ne me trompe, comme base par M. Touron, vice-président du Sénat, il y a déjà un article 31 *a*), qui fait un accroc assez grand au principe du droit de la cellule individuelle, si je puis ainsi dire. Il s'exprime ainsi :

« Les personnes liées par la convention collective de travail sont tenues d'observer les conditions de travail convenues dans leurs rapports avec les tiers, à moins d'une clause spéciale stipulant le contraire. »

Vous voyez qu'ici, il y a donc un certain nombre de personnes qui, sans être liées directement par le contrat, se trouveront cependant obligées, dans une certaine mesure...

M. DE LAS-CASES. — Ce n'est pas un accroc.

M. BORDEREL. — Ce n'est pas l'interprétation que la Commission lui a donnée...

M. RENARD. — Je me rappelle que M. Bellamy a lutté contre cet article en disant qu'il ne reconnaissait pas qu'il dût être obligatoire pour des tiers. Je n'insiste du reste pas sur ce point-là.

Je tenais à vous dire pourquoi je ne défends pas et n'ai pas à défendre le vœu émis par la Commission. Je crois que M. Lerolle apporte à ce texte des modifications très heureuses. J'avoue que je n'étais pas sans inquiétude à l'idée de voir le préfet entériner sans autre forme de procès et étendre à toute une région une convention collective de travail. Je crois qu'il est utile, indispensable, qu'il y ait à côté du préfet une autre autorité et, sur ce point, je me range complètement à l'avis exposé ici.

J'aurais à faire quelques petites objections à ce qu'a dit M. Borderel.

Je sais bien que le programme de la séance d'aujourd'hui portait : « discussion des sanctions » ; mais en réalité ces sanctions, dans le projet de la Commission mixte, existent. Elles remplissent toute une section, la section IV, qui est intitulée : « Des effets et des sanctions de la convention. » Les articles 31 B, 31 Q, 31 R, 31 S, 31 T, 31 U donnent déjà le moyen de faire observer ces conventions. Il y a là une procédure indiquée, et je me rappelle que, dans la sous-commission comme dans la Commission plénière, cette section IV n'a donné lieu qu'à de très petits débats. Tous les articles, toutes les dispositions qu'elle contient ont été adoptés non seulement à l'unanimité...

M. Borderel. — Nous n'avons même pas discuté.

M. Renard. — Il ne faudrait pas dire, en conséquence, qu'il n'y a rien à faire à ce point de vue, car cela rendrait parfaitement inutile et illusoire toute la section IV.

M. de Rousiers. — Je remercie l'Association de m'avoir admis à discuter ici et j'en profite pour présenter quelques observations sur le projet si intéressant de M. Lerolle.

J'ai des doutes sur le principe même du projet ; je me

demande s'il est utile, s'il n'est pas dangereux. Je ne développerai pas des arguments d'ordre général, je fais simplement appel à l'expérience que j'ai pu recueillir pour mettre sous vos yeux les résultats de cette expérience.

Il existe des conventions collectives de travail dans une industrie dont je m'occupe particulièrement — le chargement et le déchargement des navires de commerce — qui n'est pas un modèle d'organisation. En effet, bien que l'Association dont je fais partie se soit appliquée à assurer le plus de permanence possible dans l'engagement de ses ouvriers, il arrive que, par la nature même des choses, on soit sous le régime des engagements très courts et que, par suite, les circonstances soient aussi peu favorables que possible à des ententes entre patrons et ouvriers. Cependant — et j'attire votre attention sur ce point, — bien longtemps avant que le mot de « convention collective de travail » ait été prononcé en France, il y avait déjà, je ne dis pas partout, mais dans certains de nos ports, des conventions collectives, passées quelquefois à la suite de grèves, quelquefois aussi sans grève, et dont quelques-unes ont eu une durée remarquable. Je vous citerai en particulier le cas de Dunkerque et le cas de Marseille. La convention collective qui régissait, et qui régit encore avec de très nombreuses modifications le travail à Dunkerque, remonte à une quinzaine d'années. Elle a été très souvent modifiée; elle l'a été beaucoup trop souvent parce que les intéressés n'avaient pas eu la sage précaution de prévoir un certain délai pendant lequel on ne modifierait pas les conditions. Quoi qu'il en soit, on est arrivé presque à éviter les grèves pendant ces quinze années, ou, tout au moins, à n'avoir que des interruptions de travail extrêmement courtes.

D'autre part, à Marseille, une convention a été passée en 1902. Elle n'a pas été modifiée jusqu'à la guerre. Depuis la guerre, elle a été modifiée trois fois par suite du changement dans le coût de la vie ; cela n'a donc rien d'extraordinaire. En ce moment elle est en voie de révision.

Voilà donc un fait : c'est que, depuis 15 ans dans un cas, depuis 17 ans, dans un autre, des conventions de travail ont existé dans ces deux ports, pour une industrie qui, je le répète, n'est pas un modèle d'organisation, et bien qu'aucun texte législatif n'existe qui impose le respect de la convention collective. Ce résultat a été obtenu par le seul fait qu'un groupement assez important — je ne dis pas une majorité, mais une élite — de patrons et d'ouvriers s'étaient entendus sur ces conventions et ont voulu les maintenir, et qu'ils ont eu de part et d'autre assez de bonne foi pour que ces conventions ne soient pas violées. L'ensemble de la profession a suivi.

Je sais bien que cette profession, encore qu'elle ne soit pas très organisée, présente au point de vue des conventions collectives une facilité particulière : elle a un atelier unique ; tout le personnel travaille sur les quais du port. Il en est tout autrement pour une série de professions, dispersées dans une série d'usines éloignées les unes des autres, sans facilité de contrôle, avec des cloisons étanches entre les différents ateliers. Je crois que c'est là la raison pour laquelle une convention collective a pu s'établir et durer dans un milieu constitué d'une façon aussi élémentaire. En tout cas, voilà un exemple qui prouve que le respect de la convention est possible, même actuellement, c'est-à-dire en l'absence de toute législation spéciale, dans certains métiers où un contrat s'est établi entre des fractions représentant un nombre et une qualité suffisants de patrons et d'ouvriers.

Je vous citerai un autre exemple, avec une expérience malheureusement moindre, parce qu'il s'agit d'ententes plus récentes; je veux parler des conventions relatives à l'engagement des gens de mer.

Le Comité des armateurs a passé dernièrement, avec une série de fédérations représentant soit les capitaines, soit les officiers-mécaniciens, soit les hommes d'équipage, soit même ce que nous appelons les agents du « service général », une série de conventions résultant soit de libres échanges de vues, soit d'arbitrages acceptés. Ces conventions n'ont pas encore la consécration d'un long usage, mais tout porte à croire qu'elles seront respectées.

Là encore, il y a pénétration facile entre les divers membres de la grande famille maritime qui ne sauraient être attachés d'une façon constante à un seul navire, qui sont rarement au service permanent d'une seule entreprise. Là encore la convention collective se passe de toute sanction légale.

Je crois que l'extension proposée par M. Lerolle pourrait avoir un danger, sinon dans les professions que je viens de citer, du moins dans celles qui ne présentent pas les mêmes conditions favorables, c'est-à-dire là où la compénétration des divers éléments n'est pas aussi facile, là où existent des ateliers divers avec des personnels séparés.

Lorsqu'une convention collective de travail a été passée dans une industrie et dans une région quelconques, cela prouve qu'il y a dans cette industrie et dans cette région un commencement d'organisation assez sérieux, chez une élite de patrons, chez une élite d'ouvriers. Je prends le mot « élite » dans le sens le plus large, j'entends désigner par là tous ceux qui ont le sentiment de leurs responsabilités sociales. Par le seul fait qu'ils ont passé cette convention, qu'ils se sont engagés eux-mêmes, qu'ils se sont portés forts pour leurs collègues ou camarades, ils ont donné la preuve qu'ils étaient plus capables que d'autres de tenir leurs engagements personnels et de faire respecter des engagements d'ordre collectif, parce qu'ils avaient un commencement d'éducation sociale, parce qu'ils représentaient une élite sociale.

Il n'est pas toujours aisé, il faut bien le reconnaître, de faire respecter les engagements pris, aussi bien du côté des patrons que du côté des ouvriers, même lorsque des sanctions à ces engagements ont été prévues. La difficulté est moindre du côté des patrons parce qu'ils sont moins nombreux et qu'ils offrent plus de surface, mais elle existe cependant parce que, dans beaucoup de cas, l'intérêt immédiat et personnel est en contradiction avec l'intérêt collectif et éloigné.

La meilleure garantie du respect de la parole donnée est toujours, par suite, dans ces sortes de conventions, une garantie d'ordre moral ; il faut à celui qui tient ses engagements syndicaux sans défaillance un certain degré de moralité. A défaut de cette moralité la convention collective ne saurait vivre.

Vous voulez l'étendre tout d'un coup à l'ensemble de la profession, à des gens qui ne sont aucunement organisés, qui n'ont donné aucune espèce de preuves de l'éducation sociale indispensable pour que la convention vive. Vous risquez de compromettre gravement les résultats acquis et de jeter le discrédit sur une institution qui peut devenir féconde, mais qui n'est pas à la portée de tous indistinctement.

Permettez-moi de vous citer un exemple pris dans le

pays où l'association ouvrière est le plus ancienne et le mieux organisée, en Angleterre. J'ai cité, il y a déjà de longue années, on a cité souvent le trade-unionisme anglais comme un modèle d'organisation ouvrière. Il y a eu, dans l'histoire des unions anglaises, de nombreux exemples de parole tenue scrupuleusement ; il y en a même eu de célèbres, qui marquaient de la part des membres de ces syndicats une éducation morale supérieure et une éducation sociale très poussée. Eh bien ! il est arrivé, ces derniers temps, vous le savez, même avant la guerre, que certains de ces syndicats, par suite d'une série de modifications survenues dans leur personnel, aient manqué à leur parole. L'effet a été déplorable, non pas seulement pour la bonne renommée de ces syndicats, mais pour celle de l'ensemble des trade-unions.

Le crédit des unions ouvrières a été atteint gravement, à cause même de leur succès, parce qu'elles ne représentaient plus une élite morale. Et je me demande si, en étendant brusquement et administrativement à des gens qui n'ont pas une éducation suffisante, qui n'en ont donné aucune preuve, un organisme qui exige, pour vivre, un certain degré de moralité, vous ne mettez pas cet organisme en danger. Vous savez ce que disait Montesquieu : qu'il faut beaucoup de vertu pour faire vivre une république. Il en faut aussi beaucoup pour faire vivre des syndicats.

Voilà ce qui me fait dire que, sur le principe même de la loi, j'ai des doutes. Je crains que vous étouffiez un germe fécond en voulant précipiter son développement.

J'ajoute maintenant ceci à titre subsidiaire : Supposez que le principe soit admis ; supposez que mes doutes soient calmés ou qu'on n'en tienne pas compte, ce qui est possible. Supposez que la loi permette d'étendre par contrainte à des gens qui ne l'ont pas consentie une convention collective passée par des tiers. Alors, il y a un minimum de garanties nécessaire.

Vous avez proposé, Monsieur Lerolle, comme garantie, une garantie administrative. Je crois qu'on est à peu près disposé à la repousser, et vous-même vous n'insistez pas beaucoup...

M. LEROLLE. — Je ne fais intervenir l'administration que pour les sanctions.

M. DE ROUSIERS. — J'admettrais cela s'il devait y avoir une consultation véritable des intéressés, mais l'enquête qu'on organise est une enquête négative, une enquête du silence. Il en est ainsi, dans la plupart des cas, des procédures administratives de ce genre. J'ai été maire de mon village, j'ai fait des enquêtes « de commodo et incommodo ». Je sais dans quelle atmosphère de profonde indifférence elles se poursuivent. Neuf fois sur dix, sauf les cas d'animosité individuelle, personne ne se présente, et on conclut qu'aucune opposition n'ayant été formulée tout le monde est d'accord. Mais, quand on en vient à l'exécution du projet sur lequel l'enquête a porté, quand le chemin est déplacé, quand la voie ferrée établit un passage à niveau, les réclamations pleuvent. L'enquête n'est donc pas une garantie suffisante.

On a proposé d'avoir recours à la Commission permanente du Conseil supérieur du Travail. Or le Conseil, si j'en juge par les membres qui sont ici, est loin d'approuver cette solution. Il faut dire qu'il n'est vraiment pas aisé de trancher des questions de ce genre, loin des intéressés.

Il y a quelque temps, une association que je représente a été consultée à propos d'un conflit qui s'était élevé à

Propriano, en Corse, entre des déchargeurs de navire et leurs patrons. On nous avait proposé de faire régler la question par un arbitrage à Paris. Mais, sur nos observations, on a reconnu qu'un conflit né à Propriano, en Corse, entre deux groupes locaux de ce genre ne pouvait guère être tranché à Paris.

Je ne crois pas, en somme, qu'aucun organisme administratif soit désigné pour décider de pareilles questions. Ce qu'il faut, ce sont des garanties légales ; ce qu'il faut, c'est que les syndicats qui ont passé des conventions collectives représentent vraiment une force, qu'ils expriment la volonté d'une majorité, d'une proportion importante de la profession dans la région. La loi peut exiger ces conditions pour permettre à l'action administrative de s'exercer.

Mais, s'il en est ainsi, si véritablement la convention collective englobe la majorité des membres de la profession dans la région, la loi n'est même pas utile ; personne ne songera à violer cette convention. Il va de soi· qu'aucune entreprise venant à s'établir actuellement, dans un port de France, pour faire des chargements et des déchargements, pourrait ne pas payer ses ouvriers aux tarifs de Marseille ou de Dunkerque.

Je sais que la chose est plus compliquée quand il s'agit d'ateliers séparés, comme dans la couture, par exemple. Mais remarquez que la difficulté ne tient pas à la convention collective, mais à la manière même dont le travail s'exerce.

Autant il est facile d'organiser la surveillance et de faire une législation pour les métiers dans lesquels l'industrie s'est établie en grands ateliers, avec des moteurs mécaniques, un outillage spécial, autant c'est difficile, vous le savez, quand il s'agit d'ateliers dispersés et surtout de travail à domicile. La difficulté que vous rencontrez pour l'application d'une convention collective dans la couture se retrouve dans cette industrie pour l'inspection du travail et pour tous les problèmes dont elle s'occupe.

Je me résume. Je ne crois pas que les garanties que vous avez prévues soient suffisantes. Je ne crois pas qu'on puisse les trouver, dans le Conseil supérieur du Travail ; je crois qu'elles ne peuvent résulter que des conditions imposées par la loi elle-même et que devraient remplir les syndicats pour lesquels on proposerait l'extension des conventions collectives. Autrement dit, les syndicats devraient représenter une certaine proportion, à discuter, des membres de la profession dans la région.

M. LEROLLE. — Du côté patronal, il est très facile de connaître la valeur d'un syndicat ; le nombre des patrons est aisé à connaître. Pour les ouvriers, il n'en est pas de même. Il est très difficile de connaître le nombre exact des syndiqués, même quand le syndicat pourra produire le chiffre de ses cotisants...

M. DE ROUSIERS. — Vous le savez approximativement. Si vous pouviez exiger le chiffre des cotisants, vous auriez une garantie réelle. Mais je me demande si c'est possible partout. Dans le Midi, par exemple, il n'est guère d'usage de payer les cotisations syndicales ouvrières.

M. LEROLLE. — Il y a une autre considération qu'il ne faut pas négliger. Vous avez assez l'expérience des choses syndicales pour savoir que quelquefois un syndicat qui n'est pas très nombreux comme cotisants a, cependant, une influence considérable dans la profession, et est véritablement l'organe directeur de cette profession parce que c'est le petit noyau autour duquel tous les travailleurs se groupent ; quand il parle, tous suivent, syndiqués ou non. Dans ces conditions, ce groupement a une valeur effective. Rappelez-vous les conventions d'Arras, qui ont duré longtemps. Parfois même, la convention est passée non par un syndicat, mais par un comité de grève. Or un comité de grève ne représente rien, c'est un organisme créé au moment d'une grève, et cependant la convention dure, parce que les gens qui constituaient le comité avaient une certaine influence.

M. DE ROUSIERS. — Pardon. En ce qui concerne la convention d'Arras, ce sont les syndicats organisés qui ont agi.

M. LEROLLE. — Vous avez nombre de grèves qui se terminent par des conventions passées entre un comité de grève et un comité patronal. La question est donc moins de savoir l'importance numérique du syndicat ou du groupement contractant que son autorité morale, sa valeur représentative.

M. DE ROUSIERS. — Vous avez invoqué l'exemple d'Arras : analysons cet exemple, si vous le voulez bien. Les conventions ont été passées par des syndicats organisés ; c'est pour cela qu'elles ont tenu. Il arrive que des comités de grève improvisés passent des conventions collectives ; mais informez-vous six mois après, vous verrez ce qu'il en reste la plupart du temps. Les conventions ont la valeur des groupements qui les établissent.

Mlle BOUVIER. — Je regrette d'être peut-être ici la seule personne de la Bourse du travail pour donner le sentiment des ouvriers, à propos des conventions collectives.

Nous avons signé, lors des dernières grèves de mai 1917

et de septembre 1918, des conventions qui n'ont pas été respectées. Si quelques patrons ont bien voulu les observer, il y en a d'autres qui ne s'y sont pas conformés et qui refusent de se plier à une convention à laquelle ils ne sont pas partie. Nous avons constaté que si, demain, nous nous trouvions en présence d'un nouveau mouvement ouvrier, il serait presque insoluble parce qu'on ne consentirait plus à signer des contrats collectifs, sachant que ceux-ci n'ont aucune valeur.

Je pourrais vous citer un exemple : des ouvrières avaient travaillé dans une maison qui n'a respecté ni la semaine anglaise, ni le minimum de salaire, ni l'indemnité de vie chère. Ces ouvrières ont eu, dans l'espace de 13 mois, du fait de leur patronne, des pertes très considérables ; l'une d'entre elles avait reçu 1.880 francs de salaire en moins de ce qui était prévu par le minimum de salaire. C'était un véritable scandale. Elles ont toutes quitté le travail, révoltées, et je vous assure qu'elles tenaient les propos les plus violents. Si nous nous retrouvions, dans de semblables conditions, en face d'ateliers organisés et forts, je ne sais pas où nous irions...

Je dois vous dire qu'à la Bourse du travail on est révolté de la façon dont le Sénat a discuté la convention collective. On proteste contre l'intervention de M. Touron et de M. Boivin-Champeaux. Ce que nous voulons, c'est que les contrats collectifs aient force de loi.

Ce ne sont pas les ouvriers qui ont violé les contrats collectifs établis jusqu'à ce jour. Si nous demandons que ceux-ci aient force de loi, c'est parce que nous voulons obliger les patrons à les respecter. Si les patrons ne violaient pas plus que nous les conventions, il n'y aurait pas à se préoccuper des sanctions.

M. Despont. -- Tout au commencement de votre projet,

vous dites que le préfet pourra prendre des mesures qui permettent d'étendre la convention collective à toute l'industrie de la région. Mais, lorsque nous avons examiné ce projet à la Commission d'études du Syndicat des employés, nous avons trouvé qu'il y avait peut être inconvénient à laisser cette action à la faculté, ou plutôt au bon vouloir du préfet, et qu'alors tantôt un préfet utiliserait la loi et tantôt un autre ne l'utiliserait pas, et que cette diversité de façon de faire pourrait être fâcheuse...

Dans ces conditions, nous avons pensé qu'il serait préférable que les préfets fussent obligés de prendre ces mesures, sauf à en entourer les conséquences de garanties plus étendues que celles que prévoit le projet.

M. LEROLLE. — Si le préfet intervient avant la consultation des intéressés, cela a le très gros inconvénient, en cas d'opposition, de l'obliger à retirer l'arrêté. Ne craignez-vous pas, dans ces conditions, que l'agitation à laquelle la convention avait mis fin ne renaisse ?

M. BUREAU. — Je souhaiterais que Mlle Bouvier, qui vient de prendre la parole, voulût bien nous indiquer les garanties qui assurent l'exécution des engagements pris par les ouvriers. Je crois qu'il y a ici un grand nombre de personnes qui ont beaucoup de sympathie pour la cause ouvrière et qui se rendent compte des injustices sociales dont souffrent beaucoup de salariés, mais j'avoue que je suis arrêté par une pensée qui m'obsède et. si l'on me donnait une solution, j'en éprouverais un grand repos d'esprit...

On a parlé des violations de contrats par les employeurs. On proteste véhémentement contre elles. Je me joins à cette protestation. Je suis d'avis qu'il faudrait trouver des moyens pour obliger les employeurs à respecter leurs engagements. Ces moyens, quand il s'agit des patrons, on les aperçoit parce que les employeurs présentent une « surface », tandis que, quand vous êtes en face d'ouvriers, il n'en est plus de même. Est-ce que vous avez sur eux une prise quelconque ?

Vous paraissiez, Mademoiselle, poser ce postulat : que les organisations ouvrières respecteront toujours leurs engagements. Or, en Angleterre, la patrie du syndicalisme par excellence, on n'en est plus à compter les violations des contrats collectifs de travail par les ouvriers. Manifestement, il n'y a aucune prise possible. Je ne vois pas les sanctions qui pourraient intervenir, et je souhaiterais que M. Lerolle nous indique ce qu'il peut répondre.

Puisque j'ai la parole, je me permettrai de poser une autre question à M. le rapporteur :

Est-ce qu'à l'étranger il existe quelque chose qu'on puisse rapprocher de sa proposition ?

M. Lerolle. — Je peux citer le canton de Genève, au point de vue ententes entre patrons et ouvriers.

M. Bureau. — Si vous me disiez Zurich, cela m'intéresserait plus que Genève. Mais n'y a-t-il rien en Angleterre, aux États-Unis ?

Une autre question à M. le rapporteur : Est-ce que, en reportant votre esprit vers des grèves, vers des mouvements qui ont eu lieu depuis quinze ans, est-ce que vous apercevez des hypothèses où vous auriez pu vous dire : « si la proposition que je soumets avait été votée, la difficulté aurait été évitée » ?

M. Lerolle. — Certainement.

M. Bureau. — Il me semble que ces contrats, en fait, s'imposent à la collectivité par le fait même que, comme on le disait très justement, c'est une élite ayant une certaine autorité morale, représentative véritablement de la collectivité, qui a conclu. Il n'est pas nécessaire que cette élite forme la majorité numérique ; mais il faut que le groupement représente une force morale effective, sérieuse, profonde. Le contrat fait bientôt tache d'huile et s'impose à l'ensemble des ouvriers et des employeurs.

Pensez-vous que cette valeur légale, que cette valeur juridique tout à fait nouvelle que vous voulez donner aux conventions, ait une réelle importance ? Croyez-vous que les difficultés dont nous avons été témoins dans les dernières années — laissons de côté la guerre — auraient pu être aplanies ? Apercevez-vous des exemples où l'on pourrait dire qu'un progrès eût été réalisé ?

M. JAY. — On trouverait certainement de pareils exemples, notamment en ce qui concerne le minimum de salaires, la semaine anglaise. Dans bien des cas, la règle collective obligatoire arriverait à faire respecter, particulièrement pour les ouvrières, des prescriptions dont le respect intéresse tout le monde.

M. DE LAS-CASES. — Que s'est-il passé en Australie à ce sujet ? J'ai vu des documentations très différentes : dans les unes, on disait que l'Australie avait supprimé toutes les grèves par le contrat collectif ; dans d'autres, que le système avait réussi pendant quelques années, puis n'avait plus eu aucune importance. J'aimerais qu'un esprit aussi avisé que le vôtre me donnât son avis.

M. JAY. — Il y a eu des années de crise...

M. DE LAS-CASES. — Je parle naturellement d'avant la guerre...

M. JAY. — En Nouvelle-Zélande, on a voulu supprimer

tous les conflits. On y a réussi dans une large mesure pendant des années; puis, il y a eu des années de crise. Les derniers renseignements montraient qu'avec certaines réformes on était arrivé à rétablir une situation plus favorable.

M. RENARD. — J'ai demandé la parole pour répondre à M. Bureau.

La question des sanctions a été longuement étudiée. Je souhaiterais que M. Bureau voulût bien se reporter aux délibérations de la Commission mixte de la Seine. Il trouvera là six articles qui sont précisément consacrés aux sanctions. Il est beaucoup trop tard, aujourd'hui, pour entrer dans le détail, mais, s'il veut, je lui citerai un seul exemple qui lui montrera qu'on s'est occupé de cette question :

« Les groupements capables d'ester en justice liés par une convention collective de travail peuvent en leur nom propre intenter une action en dommages-intérêts aux autres groupements parties à la convention, aux membres de ces groupements, à leurs propres membres, ou à toute personne liée par la convention, qui violerait les engagements contractés »...

M. BUREAU. — Mais là où il n'y a rien, le roi lui-même perd ses droits.

M. BORDEREL. — La section IV a été établie par M. Groussier dans son rapport.

M. RENARD. — Cela a été adopté par la Commission mixte.

M. DE ROUSIERS. — Cela ne lui donne pas une valeur efficiente.

Mlle BUTILLARD. — Il me semblait que la proposition de
M. Lerolle avait pour but d'amener une certaine sécurité,
une certaine paix, dans le travail.

En ce qui concerne la convention collective, nous avons
pu constater, dans les syndicats féminins, qu'il faut
s'appuyer surtout sur l'honnêteté des contractants. Une
fois que le contrat a été signé par un certain nombre de
patrons, ou par un syndicat patronal, et des ouvriers,
du fait que la parole a été donnée, que le contrat est affiché dans les ateliers. il y a une grande garantie. Nous
l'avons vu, par exemple, depuis deux ans. Seulement, le
contrat n'oblige que ceux qui ont signé. Les patrons qui
ne sont pas syndiqués ne seront nullement contraints à
appliquer le barème de salaire, s'il s'agit d'un barème.

M. BORDEREL. — Si, en fait.

Mlle BUTILLARD. — A Paris, constamment, les ouvrières
viennent signaler des maisons où elles ne reçoivent pas les
sommes établies par les barèmes de salaires, où il y a de
grandes différences entre les prix payés et ceux du
barème affiché, accepté par d'autres maisons.

Nous avons remarqué, d'autre part, que lorsqu'un
contrat a été conclu entre une chambre patronale et une
chambre syndicale ouvrière, les patrons et les ouvriers
sont partisans que l'on étende les conventions aux
patrons qui ne sont pas syndiqués. Ainsi, je connais des
commissions mixtes où les patrons envisageaient la proposition de M. Strauss, et la proposition de M. Lerolle
surtout, d'une façon très favorable, en désirant qu'elles
s'appliquent à la profession.

Un autre exemple : A Marseille, dernièrement, il y a
eu un contrat passé entre des syndicats professionnels
féminins et quelques patrons. Là, il n'y avait pas de

Chambre syndicale patronale de la couture, mais il y avait des patrons de la couture qui acceptaient d'être en rapports avec des syndicats féminins pour arriver à la conclusion de la semaine anglaise. Jamais ils ne seraient arrivés à la conclusion d'un contrat sur ce point, s'ils n'avaient pas eu en perspective l'extension de la loi sur la semaine anglaise appliquée. Ce qu'on leur demandait, en somme, c'était de faire quelque chose comme une convention-amorce qui serait étendue ensuite à toute la profession. Sans cela les patrons, certainement, les ouvriers — moins, naturellement, — n'auraient pas accepté de signer une convention. En somme, c'est une manière de limiter la concurrence que d'étendre ces conventions.

M. Siméon. — J'entends dire que les patrons qui n'ont pas signé peuvent être engagés. Mais, du côté des ouvriers, l'ouvrier ne signe pas, c'est son syndicat. Par conséquent, première garantie que nous devons demander : connaître au moins le nombre des cotisants et le nombre de ceux que le syndicat engage.

Deuxièmement : le point vital, à mon avis, est la garantie que peut donner le syndicat. Il y a un projet de loi sur la capacité des syndicats pendant devant le Parlement. La solution de cette question doit précéder l'examen de la question des conventions collectives. Or, nous voyons déjà, grâce à un amendement, l'insaisissabilité des biens des syndicats réalisée pratiquement. Il y a là une question délicate qui attire l'attention de l'industrie. Le recours, en effet, en cas de non-application des conventions du côté ouvrier, ne se produira pas contre l'ouvrier, mais à l'encontre du syndicat.

M. Jay. — Au fond, la question ne se présente pas avec

le caractère général qu'on semble disposé à lui donner
en ce moment.

Les événements nous ont montré que l'intervention
d'un préfet, d'un ministre pouvait avoir, pour la pacifi-
cation de certains conflits, des résultats remarquables
L'expérience faite avec les minima de salaires a prouvé.
qu'il pouvait y avoir là un moyen de développer utile-
ment la réglementation professionnelle. Il s'agit de
savoir si le contrat collectif ne peut pas servir de base à
une pareille réglementation, permettre aux autorités
publiques de servir efficacement l'œuvre si désirable de
la paix sociale, en même temps que de réaliser d'intéressants progrès.

M. DUVAL-ARNOULD. — Tout à l'heure, mon éminent
ami M. de Las-Cases marquait une première hésitation
devant le fait d'une loi qui ne serait pas faite par le législateur. Je comprends très bien ce sentiment, et s'il n'y
avait que des législateurs comme lui, je serais peut-être
de son avis.

Qu'il me permette de faire observer qu'au fond il
s'agit d'un règlement, décret ou arrêté, pris en vertu de
la loi, ce qui est très normal.

L'innovation est que la loi, au lieu de déléguer l'autorité réglementaire à l'organe habituel, le Conseil d'Etat,
la déléguerait à un organe spécial et dont les éléments
essentiels ne seraient pas administratifs.

Personnellement — et j'en demande pardon à M. de
Las-Cases — je trouverais tout avantage à ce que ce ne
soit pas le législateur ou même le Conseil d'Etat qui
fasse la réglementation en cette matière. Il y a longtemps que nous réclamons que les règlements professionnels soient faits par les professionnels. Ce n'est qu'à

défaut d'organisations professionnelles, en France, que nous nous sommes résignés aux interventions législatives, pour le repos hebdomadaire, par exemple.

Mais la preuve a été faite plus d'une fois de l'incompétence des assemblées législatives dans ce domaine, et, si le législateur national peut se substituer, en le contrôlant, le législateur professionnel, je crois qu'il y a tout à gagner dans cette substitution.

D'autre part, il est certain que M. Lerolle fait bien de prendre ce qui existe, pour aller vite ; mais, quand il s'adresse à la Commission permanente du Conseil supérieur du Travail, j'avoue que ce n'est pas l'idéal. Il faudrait, en tout cas, que la constitution et les pouvoirs du Conseil supérieur soient modifiés et étendus.

Il est souvent question, en ce moment, d'organisations régionales industrielles ou commerciales. Si vraiment on arrive à les constituer, il serait intéressant de leur confier le rôle que vous voulez faire jouer à la Commission permanente.

Puisque M. Lerolle a l'intention de reprendre la parole, je me permettrai de lui soumettre non pas une objection, mais une observation.

Je désire que le projet de loi aboutisse et fonctionne. Supposons donc que la loi est votée et fonctionne. Voilà un contrat passé entre un syndicat patronal et une collectivité ouvrière qui, grâce à la procédure indiquée par M. Lerolle, devient obligatoire pour toute une industrie dans la région envisagée.

Et je suppose encore qu'au moment où cette réglementation s'impose à tous, elle apparaît comme parfaite. Mais elle vieillira, peut-être très vite. Tous les contrats vieillissent, et le contrat collectif échappera moins qu'un autre au sort commun. Or, rien n'est mauvais comme un contrat qui ne répond plus aux conditions économiques, et qui continue à lier les parties : il est plus dangereux encore, si, comme c'est ici le cas, il lie des patrons et des ouvriers qui n'ont même pas été représentés lors de l'élaboration du contrat. On le violera ou on cherchera des fissures par où s'échapper. Pour éviter ce très grave inconvénient, il est nécessaire que le contrat collectif, devenu règlement général, ne soit pas intangible, qu'il soit au contraire facilement et constamment revisable, à la demande des assujettis, sous certaines conditions bien entendu. M. Lerolle ne pense-t-il pas qu'il devrait prévoir la procédure de revision ?

M. Demogue. — Je crois qu'il y a beaucoup de monde pour désirer l'extension du contrat collectif à toute la profession ; personnellement, je le désire Je demande si le moyen le plus simple d'arriver à un bon résultat ne serait pas de consulter la profession, de faire voter les intéressés. Faire voter les patrons, c'est possible ; faire voter les ouvriers, c'est plus difficile. Cependant, nous avons déjà des cas analogues, par exemple l'élection des délégués mineurs. Pour y procéder, on considère comme électeurs tous ceux qui sont inscrits sur la dernière feuille de paie. Le système ne serait pas très nouveau dans notre droit. On a dit qu'il y avait un droit social ; ce droit, — dont, d'ailleurs, je suis partisan, — on en trouve des racines dans notre droit commercial. Il y a, par exemple, des assemblées d'actionnaires qui votent à la majorité sur toutes sortes de points, et même sur les modifications aux statuts, c'est-à-dire sur les bases mêmes de leur contrat.

Est-ce qu'ici on ne pourrait pas avoir quelque chose du même genre ? Si une convention n'est pas approuvée par l'ensemble des patrons et par l'ensemble des ouvriers, je crois que c'est un contrat qu'il sera difficile d'appliquer. Au contraire, quand on aura la majorité des patrons et des ouvriers, il y aura une certaine force morale pour celui qui défendra l'exécution du contrat devant les tribunaux. Il n'est donc peut-être pas impossible d'arriver, par le système de l'élection, à une organisation qui pourrait avoir plus de force que le système proposé par M. Lerolle.

M. LEROLLE. — Messieurs, je voudrais revenir au point de départ de notre discussion et à ce qui a motivé ma proposition de loi.

Comme le rappelait très bien M. Jay, ce qui nous a frappés, nous, Parisiens, ce sont les difficutés qu'ont rencontrées les syndicats ouvriers, et, en particulier, les syndicats de la couture, à faire exécuter les derniers contrats collectifs qui ont été passés. Il est notoire qu'un certain nombre de maisons non syndiquées, à l'heure actuelle, et quoi qu'on en ait dit, n'appliquent pas les contrats collectifs passés entre les chambres syndicales patronales et ouvrières, sous prétexte que, n'étant pas syndiquées, le contrat ne les concerne pas. La conséquence, c'est que, pour faire appliquer les contrats, il y a, dans les milieux ouvriers, une agitation continue. L'objet essentiel de ma proposition, en assurant l'extension ses contrats collectifs, est précidément d'éviter la permanence des agitations ouvrières.

Mais on m'a posé diverses questions, on a formulé diverses objections : j'essaierai d'y répondre.

M. de Rousiers croit que l'extension du contrat collectif par voie administrative à toute une profession ne présente pas grand avantage et, au contraire, peut présenter certains inconvénients, et il nous a cité l'exemple de conventions collectives unanimement respectées sans le concours ou la sanction de l'autorité administrative.

Ces exemples sont assurément intéressants ; ils ne suffisent pas à me convaincre. Comme il nous l'a lui-même indiqué, ils sont pris dans une industrie un peu spéciale : on pourrait facilement dans d'autres industries trouver des exemples différents, Mlle Butillard et Mlle Bouvier pourraient nous en citer.

Et puis, il n'y a pas que les questions de salaire : et il semble que seules elles aient été envisagées dans la discussion.

Prenons la question des 8 heures. Je ne crois pas, pour ma part, que la journée de 8 heures puisse être instituée législativement, d'un seul coup, dans toutes les industries et dans toute la France. Par contre, je crois que, dès à présent, elle peut être instituée dans certaines industries.

Eh bien ! supposez un contrat collectif passé entre un syndicat patronal et un syndicat ouvrier instituant pour une région et une industrie déterminées la journée de 8 heures. Ne voyez-vous pas l'intérêt qu'il y a à rendre ce contrat obligatoire pour tous les établissements de cette industrie, qu'ils soient syndiqués ou non ? Sans cela les industriels soumis à la réglementation contractuelle se trouveraient dans une situation défavorable vis-à-vis de leurs concurrents.

Et comment, en dehors de l'intervention administrative, étendant le contrat collectif par voie d'arrêté, pouvez-vous faire de la règle posée par le contrat collectif une règle générale, obligatoire pour tous ?

Pour ma part, je ne le vois pas.

M. de Rousiers a posé une autre question ; celle des

sanctions. Je reconnais bien volontiers avec lui qu'en ces matières il n'y a guère d'autre sanction des obligations ouvrières que les sanctions morales. Mais, précisément, j'estime que l'intervention administrative, sanctionnant le contrat collectif, augmentera son autorité.

Quand la réglementation aura été promulguée officiellement, que l'opinion aura été saisie, il sera bien difficile de remettre en question les accords conclus. L'opinion ne le supporterait pas et il n'est guère de grève qui puisse durer contre l'opinion.

Aller plus loin? Je n'en vois pas le moyen. Comment contraindre les organisations syndicales à déposer en banque un cautionnement garantissant leurs obligations?

M. Duval-Arnould a signalé très justement la nécessité de prévoir la revision de ces règlements de travail. Nous sommes d'accord. Tout passe. Ce serait une illusion de croire que les règlements de travail, même revêtus de la sanction administrative, puissent être éternels. Il sera de toute nécessité d'en limiter la durée et d'en assurer la révision. Ce sera le rôle des Commissions mixtes.

Je n'ajoute plus qu'un mot, pour répondre à ceux qui m'ont opposé la règle des contrats : le contrat n'oblige que ceux qui y sont partie. En fait, il ne s'agit pas ici de contrat :, il s'agit de règlements professionnels. N'est-il pas juste, n'est-il pas d'une bonne organisation sociale que le règlement professionnel s'applique à toute la profession, comme la loi s'applique à tous les citoyens?

Messieurs, puisqu'il est de coutume de proposer un vœu, je vous propose le texte suivant :

« L'Association pour la protection légale des travailleurs demande au législateur d'examiner dans quelles

conditions il peut être possible d'étendre à tous les
patrons et ouvriers d'une profession les stipulations des
contrats collectifs passés entre les organisations ouvrières
et patronales, de façon à servir de base à une réglementation professionnelle et régionale. »

*(La proposition mise aux voix est approuvée à l'unani-
mité.)*

La séance est levée.

TABLE DES MATIÈRES

TABLE MÉTHODIQUE

des Publications de l'Association nationale française
pour la Protection Légale des Travailleurs

EN VENTE CHEZ F. ALCAN, éditeur, 108, boulevard St-Germain
et Marcel RIVIÈRE, 31, rue Jacob

QUESTIONS GÉNÉRALES

L'Association Internationale pour la protection légale des travailleurs et sa section française, par M. ANDRÉ LICHTENBERGER.

De la sanction par l'autorité publique des accords entre chefs d'entreprises commerciales et industrielles pour l'amélioration des conditions du travail, par MM. A. ARTAUD, membre du Conseil supérieur du Travail; MAURICE DESLANDRES, professeur à la Faculté de droit de l'Université de Dijon; JUSTIN GODART, député; 1912. — Une brochure, 80 p., in-16 (*Septième série, n° 3*). — 1 fr.

CONVENTIONS INTERNATIONALES DE TRAVAIL

La Conférence officielle de Berne (*Travail de nuit des femmes. — Emploi du phosphore blanc*), par M. A. MILLERAND, député, ancien ministre, 1905. — Une brochure, 20 p., in-16 (*Troisième série, n° 2*). — 0 fr. 60.

La deuxième Conférence officielle de Berne (*Travail de nuit des jeunes ouvriers. — Journée de 10 heures*), par M. A. MILLERAND, député, ancien ministre, 1913. — Une brochure, 51 p. in-16 (*Nouvelle série, n° 6*). — 1 franc.

Les clauses du travail dans le traité de paix, par M. JUSTIN GODART, député, 1919, — Une brochure, 61 pages in-16 (*Nouvelle série, n° 15*). — 1 franc.

PROTECTION LÉGALE DES EMPLOYÉS

La protection légale de l'employé et la réglementation du travail des magasins, par M. A ARTAUD, membre du Conseil supérieur du Travail 1903. — Une brochure, 35 p., in-16 (*Première série, n° 5*). — 0 fr. 60.

La réglementation légale de la durée du travail des employés, par M. EDGARD DEPITRE, professeur à la Faculté de droit de l'Université de Lille. 1911. — Une brochure, in-16 (*Publications de la section du Nord. Sixième série bis*). — 1 fr. 50.

Les veillées dans le commerce, par M. CHARLES VIENNET, secrétaire général du Syndicat des Employés du commerce et de l'industrie, 1914. — Une brochure, 49 p., in-16 (*Nouvelle série, n° 8*). — 1 franc.

Cf. QUESTIONS GÉNÉRALES (*Accords entre chefs d'entreprises*). — REPOS HEBDOMADAIRE (*Dérogations*).

INDUSTRIE A DOMICILE

La réglementation du travail en chambre, par M. F. FAGNOT, enquêteur à l'Office du Travail, 1901. — Une brochure, 60 p., in-16 (*Première série, n° 7*). — 0 fr. 60

Le travail à domicile en France, par MM. Paul PIC et A. AMIEUX, 1906 (*Rapport à l'Assemblée générale de Genève*). — 0 fr. 30.

Le minimum de salaire dans l'industrie à domicile, par MM. B. RAYNAUD, professeur à la Faculté de droit de l'Université d'Aix-en-Provence; le comte A. DE MUN, député; l'abbé MÉNY, docteur en droit; 1912. — Un volume, 316 p., in-16 (*Septième série, n° 1*). — 2 fr. 50.

Le minimum de salaire dans l'industrie du vêtement. — La loi du 10 juillet 1915, par M. Raoul JAY, professeur à la Faculté de droit de l'Université de Paris, 1915. — Une brochure, 68 pages, in-16 (*Nouvelle série, n° 11*). — 0 fr. 50.

Les actions en justice nées de la loi du 10 juillet 1915 sur le minimum de salaire, par M. Albert TISSIER, professeur à la Faculté de droit de l'Université de Paris, 1916. — Une brochure, 76 p., in-16 (*Nouvelle série, n° 12*). — 1 franc.

L'application de la loi du 10 juillet 1915 sur le minimum de salaire, par M. Albert TISSIER, professeur à la Faculté de droit de Paris, 1917. — Une brochure 44 p., in-16 (*Nouvelle série, n° 13*). — 1 franc.

Cf. AUXILIAIRES DE L'INSPECTION (*Ligue sociale d'acheteurs*).

RÉGLEMENTATION DU TRAVAIL DANS LES MARCHÉS

DE TRAVAUX PUBLICS

L'application dans la région du Nord et la révision des décrets sur les conditions du travail dans les marchés des administrations publiques, par MM. BARGERON, inspecteur du travail, et MASSON, président du Syndicat des typographes de Lille, 1908. — Une brochure, 90 p., in-16 (Publications de la section du Nord. *Cinquième série bis, n° 2*). — 1 franc.

LÉGISLATION DU TRAVAIL AUX COLONIES

La protection des travailleurs indigènes aux colonies, par M. René PINON, 1903. — Une brochure, 30 p., in-16 (*Première série, n° 8*). — 0 fr. 60.

TRAVAIL DES ENFANTS

L'âge d'admission des enfants au travail industriel. — Le travail de demi-temps, par M. Et. MARTIN-SAINT-LÉON, bibliothécaire du Musée social, 1903. — Une brochure, 43 p., in-16 (*Première série, n° 3*). — 0 fr. 60.

L'emploi des enfants dans les théâtres et cafés-concerts, par M. Raoul JAY, professeur à la Faculté de droit de l'Université de Paris, 1904. — Une brochure, 17 p., in-16 (*Première série, n° 9*). — 0 fr. 60.

**La protection légale des enfants occupés hors de l'Industrie.
— I. La loi anglaise**, par M. Edouard DOLLÉANS, 1906. — Une brochure, 68 p. in-16 (*Troisième série*, n° 4). — 0 fr. 60.

**La protection légale des enfants employés hors de l'Industrie.
— II. La loi allemande**, par M. Henry MOYSSET, 1906. — Une brochure, 60 p., in-16 (*Troisième série*, n° 5). — 0 fr. 60.

**La protection légale des enfants occupés hors de l'Industrie.
— III. La situation en France**, par MM G. MÉNY, Paul GEMAHLING, Mme BLONDELU, MM. Georges PIOT, Raoul JAY, Léon VIGNOLS, 1906. — Une brochure, 103 p. in-16 (*Troisième série*, n° 6). — 0 fr. 60.

Le travail de nuit des adolescents dans l'industrie française, par M. Er. MARTIN SAINT-LÉON, bibliothécaire du Musée social, 1906. — Une brochure, 55 p., in-16 (*Rapport présenté à l'Assemblée générale de Genève*). — 0 fr. 60.

Le travail de nuit des enfants dans les usines à feu continu, par M. F. FAGNOT, enquêteur à l'Office du Travail, 1908. — Une brochure, 56 p., in-16 (*Rapport présenté à l'Assemblée générale de Lucerne*). ·   0 fr. 60.

Le travail industriel des enfants, par M. Georges ALFASSA, 1908. — Une brochure, 37 p., in-16 (*Rapport présenté à l'Assemblée générale de Lucerne*). — 0 fr. 60.

Le travail de nuit des enfants dans les usines à feu continu, par M. LÉVÊQUE, inspecteur du travail, 1909. — Une brochure, 48 p., in-16 (Publications de la section du Nord. *Cinquième série bis*, n° 2.) — 0 fr. 60.

Le travail de nuit des enfants dans les usines à feu continu, par M. l'abbé LEMIRE, député, 1910. — Une brochure, 54 p., in-16 (*Sixième série*, n° 4). — 1 franc.

La réduction du nombre des enfants employés la nuit dans les verreries, par M. LÉVÊQUE, inspecteur du travail, 1911. — (Publications de la section du Nord. *Sixième série bis*, n° 2). — 1 fr. 60.

La deuxième Conférence officielle de Berne (*Travail de nuit des jeunes ouvriers, — Journée de 10 heures*), par M. A. MILLERAND, député, ancien ministre, 1913. — Une brochure, 51 p., in-16 (*Nouvelle série*, n° 6). — 1 franc.

Cf. — Accidents du Travail.

TRAVAIL DES FEMMES

La protection légale des femmes avant et après l'accouchement, par M. le docteur FAUQUET, 1903. — Une brochure, 20 p., in-16 (*Première série*, n° 1). — 0 fr. 60.

La Conférence officielle de Berne (*Travail de nuit des femmes*), par M. A. MILLERAND, député, 1905. — Une brochure, 20 p, in-16 (*Troisième série* n° 2). — 0 fr. 60.

De l'extension de la loi du 29 décembre 1900 aux femmes employées dans l'industrie, par Mme DE LA RUELLE, inspectrice du travail, 1906. — Une brochure, 36 p., in-16 (*Troisième série*, n° 7). — 0 fr. 60.

La protection de la maternité ouvrière, par MM. Paul STRAUSS, sénateur, et Louis MARIN, député, 1912. — Une brochure, 100 p., in-16 (*Septième série*, n° 2). — 1 franc.

La maternité ouvrière et sa protection légale en France, par Mme Paul GEMÄHLING, agrégée de l'Université, 1915. — Une brochure, 62 p. in-16 (*Nouvelle série*, n° 10). 1 franc.

Cf. — INDUSTRIE A DOMICILE. — DURÉE DU TRAVAIL (*Deuxième Conférence officielle de Berne*).

DURÉE DE LA JOURNÉE DE TRAVAIL

La réglementation hebdomadaire de la durée du travail. — Le repos du samedi, par MM. Ivan STROHL, industriel, et F. FAGNOT, enquêteur à l'Office du Travail, 1903. — Une brochure, 39 p., in-16 (*Première série, n° 2*). — 0 fr. 60.

La réglementation de la durée du travail dans les mines, par M. l'abbé LEMIRE, député, 1901. — Une brochure, 44 p., in-16 (*Première série, n° 6*). — 0 fr. 60.

La durée légale du travail. — Des modifications à apporter à la loi de 1900, par MM. FAGNOT, enquêteur à l'Office du Travail, MILLERAND, député, et STROHL, industriel, 1905. — Un volume, 300 p., in-16 (*Deuxième série*). — 2 fr. 50.

Le contrôle de la durée du travail, par M. Georges ALFASSA, 1905. — Une brochure, 59 p., in-16 (*Troisième série, n° 3*). — 0 fr. 60.

La limitation de la journée légale de travail en France, par M. Raoul JAY, professeur à la Faculté de droit de l'Université de Paris, 1906. — Une brochure, 92 p., in-16 (*Rapport à l'Assemblée générale de Genève*). — 0 fr. 60.

L'organisation du travail dans les usines à feu continu, par M. P. BOULIN, inspecteur divisionnaire du travail, 1912. — Une brochure, 48 p., in-16 (*Rapport présenté à l'Assemblée générale de Zurich*). — 1 fr.

La réglementation du travail dans les usines à marche continue, par M. F. FAGNOT, enquêteur à l'Office du Travail, 1913 (*Nouvelle série, n° 1*). — 1 fr. 50.

La deuxième Conférence officielle de Berne (*Travail de nuit des jeunes ouvriers. — Journée de 10 heures pour les femmes et les jeunes ouvriers*), par M. A. MILLERAND, député, ancien ministre, 1913. — Une brochure, 61 p., in-16 (*Nouvelle série, n° 6*). — 1 franc.

Cf. PROTECTION LÉGALE DES EMPLOYÉS.

REPOS HEBDOMADAIRE et SEMAINE ANGLAISE

La réglementation hebdomadaire de la durée du travail. — Le repos du samedi, par MM. Ivan STROHL, industriel et F. FAGNOT, enquêteur à l'Office du Travail, 1903. — Une brochure, 39 p. in-16 (*Première série, n° 2*). — 0 fr. 60.

Les dérogations au repos collectif du dimanche, par M. PAUL AUBRIOT, député, 1914. — Une brochure, 164 p. in-16 (*Nouvelle série*, n° 7). — 1 franc.

La semaine anglaise. — Le repos de l'après-midi du samedi, par M. RAOUL JAY, professeur à la Faculté de Droit de l'Université de Paris, 1915. — Une brochure, 66 p., in-16 (*Nouvelle série*, n° 9). — 1 franc.

La semaine anglaise dans l'industrie du vêtement. — La loi du 11 juin 1917, par M. RAOUL JAY, professeur à la Faculté de Droit de l'Université de Paris, 1918. — Une brochure, 43 p., in-16 (*Nouvelle série*, n° 14. — 0 fr. 50.

Cf. DURÉE DU TRAVAIL (*Modifications à la loi de 1900*).

TRAVAIL DE NUIT

Le travail de nuit dans les boulangeries, par M. JUSTIN GODART, député, 1910. — Une brochure, 47 p., in-16 (*Sixième série*, n° 3). — 0 fr. 60.

Cf. TRAVAIL DES ENFANTS (*Usines à feu continu*). — TRAVAIL DES FEMMES (*Conférence de Berne*). — PROTECTION LÉGALE DES EMPLOYÉS (*Veillées*).

HYGIÈNE ET SÉCURITÉ DES TRAVAILLEURS

L'interdiction de la céruse dans l'industrie de la peinture, par M. J. L. BRETON, député, 1905. — Une brochure, 50 p., in-16 (*Troisième série*, n° 1). — 0 fr. 60.

La Conférence officielle de Berne (*emploi du phosphore blanc*), par M. A. MILLERAND, député, 1905. — Une brochure, 20 p., in-16 (*Troisième série*, n° 2). — 0 fr. 60.

Les poisons industriels, par M. GEORGES ALFASSA, ingénieur E. C. P. 1906. — Une brochure, 31 p., in-16 (*Rapport à l'Assemblée générale de Genève*). — 0 fr. 60.

La réforme de la procédure de la mise en demeure, organisée par la loi du 12 juin 1893-11 juillet 1903, sur l'hygiène et la sécurité des travailleurs, par M. E. BRIAT, membre du Conseil supérieur du Travail, 1910. — Un volume, 150 p., in-16 (*Sixième série*, n° 2). — 2 fr. 50.

Les maladies professionnelles, par M. J.-L. BRETON, député, 1911. — Une brochure, 104 p., in-16 (*Sixième série*, n° 5). — 1 fr.

La réglementation des conditions de sécurité et d'hygiène dans les chantiers de construction, par BERNARD DÉCAILLY, inspecteur départemental du travail à Lille, 1913. — Une brochure, 90 p., in-16. Publication de la section du Nord. (*Nouvelle série*, n° 5), — 1 franc.

Cf. TRAVAIL DES FEMMES (*Maternité*).

ACCIDENTS DU TRAVAIL

L'assurance ouvrière et les ouvriers étrangers, par M. HENRI BARRAULT, 1906. — Une brochure, 10 p., in-16 (*Rapport à l'Assemblée générale de Genève*). — 0 fr. 10.

La réalisation de l'égalité entre nationaux et étrangers, au point de vue de l'indemnisation des accidents du travail par voie de convention internationale, par M. A. BOISSARD, 1908. — Une brochure, 10 p., in-16 (*Rapport à l'Assemblée générale de Lucerne*). -- 0 fr. 10.

Les accidents du travail dans l'agriculture, par M. HENRI CAPITANT, professeur à la Faculté de droit de l'Université de Paris, 1909. — Un volume, 142 p., in-16 (*Cinquième série*, n° 6). — 1 fr. 75.

La prévention des accidents sur les voies ferrées des usines, par M. LÉVÊQUE, inspecteur du travail, 1909. — Une brochure, 33 p., in-16 (Publication de la section du Nord. *Cinquième série bis*, n° 4). — 0 fr. 60.

Les accidents du travail survenus aux enfants âgés de moins de treize ans, par M. HENRI CAPITANT, professeur à la Faculté de droit de l'Université de Paris, 1913. — Une brochure, 53 p., in-16 (*Nouvelle série* n° 3). — 1 fr.

PROTECTION DU SALAIRE

La loi du 7 mars 1850 et le mesurage du travail à la tâche, par M. A. BOISSARD, professeur à la Faculté libre de Droit de Paris; 1908. — Une brochure, 86 p., in-16 (*Cinquième série*, n° 2). — 0 fr. 60.

La saisie-arrêt des salaires et traitements, par M. CHARLES GUERNIER, professeur à la Faculté de droit de Lille, député d'Ille-et-Vilaine, 1913. — Une brochure, 47 p., in-16 (*Nouvelle série*, n° 2). — 1 fr.

Cf. — INDUSTRIE A DOMICILE (*Minimum de salaire*).

CONTRAT DE TRAVAIL

Le contrat de travail (*Examen du projet de loi du gouvernement sur le contrat individuel et la convention collective*, par MM. PERREAU, professeur à la Faculté de droit de l'Université de Paris, et F. FAGNOT, enquêteur à l'Office du Travail, 1907. — Un volume, 219 p., in-16 (*Quatrième série*). — 3 fr. 50.

Le contrat de travail et le Code civil (*Examen des textes que la Commission du Travail de la Chambre des députés propose d'introduire dans le Code civil*), par MM. PERREAU, professeur à la Faculté de droit de l'Université de Paris, et GROUSSIER, député, 1908. — Un volume, 261 p., in-16 (*Cinquième série*, n° 3). — 3 fr. 50.

La réglementation légale de la convention collective de travail, par M. ARTHUR GROUSSIER. député, 1913. — Une brochure, 138 p. in-16 (*Nouvelle série*, n° 4). -- 1 fr. 50.

La réglementation professionnelle du travail et le contrat collectif, M. par JEAN LEROLLE, député, 1910. — Une brochure, 55 p. in-16 (*Nouvelle série*, n° 16). — 1 fr.

CONFLITS DU TRAVAIL

La grève et l'organisation ouvrière, par M. A. MILLERAND, député, 1906. — Une brochure, 18 p., in-16 (*Troisième série*, n° 8). — 0 fr. 60.

La conciliation dans les conflits collectifs et les travaux de la section du Nord de l'Association, par M. AFTALION, professeur à la Faculté de droit de l'Université de Lille, 1908. — Une brochure, 168 p., in-16 (*Cinquième série*. n° 1). — 0 fr. 60.

Le règlement amiable des conflits du travail, par MM. AFTALION, professeur à la Faculté de droit de l'Université de Lille; ARQUEMBOURG, ingénieur des arts et manufactures, et FAGNOT, enquêteur à l'Office du Travail; 1911. — Un volume, 219 p., in-16 (*Sixième série*, n° 7). — **2 fr. 50.**

CHOMAGE

Les caisses de chômage, par M. Ch. DE LAUWEREYNS DE ROOSEN-DAELE, docteur en droit, 1907. — (Publications de la section du Nord. *Cinquième série bis*, n° 1). — **1 fr.**

La lutte contre le chômage dans le Nord, par M. Ch. DE LAUWEREYNS DE ROOSENDAELE, docteur en droit, 1910. — Une brochure, 56 p., in-16. — (Publications de la section du Nord. *Cinquième série bis*, n° 5). — **1 fr.**

Les problèmes du chômage, par MM. F. FAGNOT, enquêteur à l'Office du Travail; Max LAZARD, Docteur en droit, et Louis VARLEZ, Président de la Bourse du Travail et du Fonds de Chômage de Gand, 1910. — Un volume, 215 p., in-16 (*Sixième série*, n° 1). — **2 fr. 50.**

PLACEMENT

Le placement et sa réorganisation, par MM. ALFRED DODANTHUN et CH. DE LAUWEREYNS DE ROOSENDAELE, Docteurs en droit, 1912. — Une brochure, 70 p., in-16. (Publications de la section du Nord. *Sixième série bis* n° 3). — **1 fr. 50.**

CONSEILS DE PRUD'HOMMES

Les demandes reconventionnelles devant le Conseil des prud'-hommes, par M. E. BRIAT, membre du Conseil supérieur du Travail, 1911. — Une brochure, 51 p., in-16 (*Sixième série*, n° 6). — **1 franc.**

INSPECTION DU TRAVAIL

La réforme de l'Inspection du travail en France, par M. EUGÈNE PETIT, avocat à la Cour d'Appel de Paris, 1909. — Un volume, 298 p., in-16 (*Cinquième série*, n° 4). — **3 fr. 50.**

Cf. DURÉE DU TRAVAIL (*Contrôle*); HYGIÈNE ET SÉCURITÉ (*Mise en demeure*).

AUXILIAIRES DE L'INSPECTION DU TRAVAIL

La Ligue sociale d'acheteurs, par Mme JEAN BRUNHES, 1903. — Une brochure, 36 p., in-16 (*Première série*, n° 4). — **0 fr. 60.**

Le droit de citation directe pour les associations, par M. HENRI HAYEM, 1901. — Une brochure, 21 p., in-16 (*Première série*, n° 10). — **0 fr. 60.**

Collaboration des ouvriers organisés à l'œuvre de l'Inspection du travail, par M. HENRI LORIN, 1909. — Un volume, 171 p., in-16 (*Cinquième série*, n° 5). — **1 fr. 75.**

Cf. INDUSTRIE À DOMICILE (*Actions en justice nées de la loi du 10 juillet 1915*).

Publications de l'Association Nationale Française pour la Protection Légale des Travailleurs

EN VENTE CHEZ F. ALCAN, éditeur, 108, boulevard Saint-Germain et Marcel RIVIÈRE, 31, rue Jacob

PREMIÈRE SÉRIE

L'Association pour la protection légale, par M. André Lichtenberger.

I. *La protection légale des femmes av. et ap. l'accouchement.* — Rap. de M. le Dʳ Fauquet

II. *La réglementation hebdomadaire de la durée du travail.* — *Le repos du samedi.* — Rapports de M. Ivan Stroul, industriel, et de M. Fagnot, de l'Office du travail.

III. *L'âge d'admission des enfants au travail industriel.* — *Le travail de demi-temps.* — Rapport de M. Et. Martin-Saint-Léon.

IV. *La ligue sociale d'acheteurs.* — Rapport de Mᵐᵉ Jean Brunhes.

V. *La protection légale de l'employé et la réglementation du travail des magasins.* — Rapport de M. A. Artaud.

VI. *La réglementation de la durée du travail dans les mines.* — Rap. de M. l'abbé Lemire.

VII. *La réglementation du travail en chambre.* — Rap. de M. Fagnot, de l'Office du travail.

VIII. *La protection des travailleurs indigènes aux colonies.* — Rapport de M. René Pinon.

IX. *L'emploi des enfants dans les théâtres et cafés-concerts.* — Rapport de M. Raoul Jay.

X. *Le droit de citation directe pour les Associations.* — Rapport de M. Henri Hayem.

Chaque br. : 0 fr. 60. L'ensemble de ces broch. forme un vol. de 3 f. 50 sous le titre :

LA PROTECTION LÉGALE DES TRAVAILLEURS

DEUXIÈME SÉRIE

LA DURÉE LÉGALE DU TRAVAIL. — *Des modifications à apporter à la loi de 1900.* — Rapports de MM. Fagnot, Millerand et Stroul. — 1 vol., 2 fr. 50.

TROISIÈME SÉRIE

I. *L'interdiction de la céruse dans l'indust. de la peinture.* — Rap. de M. Breton, député.

II. *La Conférence officielle de Berne.* — Rap. de M. Millerand, présid. de l'Association.

III. *Le contrôle de la durée du travail.* — Rapport de M. Georges Alfassa.

IV. *La protection légale des enfants occupés hors de l'industrie.* — I. *La loi anglaise.* — Rapport de M. Edouard Dolléans.

V. *La protection légale des enfants occupés hors de l'industrie.* — II. *La loi allemande.* — Rapport de M. Henry Moysset

VI. *La protection légale des enfants occupés hors de l'industrie en France.* — III. *La situation en France.* — Communications de MM. l'abbé Meny, Gemahling, Mˡˡᵉ Blondelu, MM. Georges Piot, Raoul Jay, Léon Vignols.

CINQUIÈME SÉRIE bis

Publications de la Section du Nord

I. *Les caisses de chômage.* — Rap. de M. DE LAUWERYNS DE ROOSENDAELE. — Br., 0 fr. 60.

II. *L'application dans le Nord et la revision des Décrets de 1899 sur les conditions du travail dans les marchés publics.* — Rapports de MM. BARGERON et MASSON. — Brochure, 1 fr.

III. *Le travail de nuit des enfants dans les usines à feu continu.* — Rapport de M. LÉVÊQUE. — Brochure, 0 fr. 60.

IV. *La prévention des accidents sur les voies ferrées des usines.* — Rapport de M. LÉVÊQUE. — Brochure, 0 fr. 60.

V. *La lutte contre le chômage dans le Nord.* — Rapport de M. DE LAUWERYNS DE ROOSENDAELE. — Brochure, 1 fr.

SIXIÈME SÉRIE

I. *Les problèmes du chômage.* — Rapports de MM. F. PAGNOT, Max LAZARD, Louis VARLEZ. — 1 volume, 2 fr. 50.

II. *La réforme de la procédure de la mise en demeure.* — Rapport de M. E. BRIAT. — 1 volume, 2 fr. 50.

III. *Le travail de nuit dans les boulangeries.* — Rapport de M. Justin GODART. — 1 volume, 1 fr. 25.

IV. *Le travail de nuit des enfants dans les usines à feu continu.* — Rapport de M. l'abbé LEMIRE. — Brochure, 1 fr.

V. *Les maladies professionnelles.* — Rapport de M. L.-J. BRETON. — Brochure, 1 fr.

VI. *Les demandes reconventionnelles, devant le Conseil des prud'hommes.* — Rapport de M. E. BRIAT. — Brochure, 1 fr.

VII. *Le règlement amiable des conflits du travail.* — Rapports de MM. AFTALION, ARGUENBOURG et PAGNOT. — 1 volume, 2 fr. 50.

SIXIÈME SÉRIE bis

Publications de la Section du Nord

I et II. *La réglementation légale de la durée du travail des employés.* — Rapport de M. DEPITRE. — *La réduction du nombre des enfants employés la nuit dans les verreries.* — Rapport de M. LÉVÊQUE. — Brochure, 1 fr. 50.

III. *Le placement et sa réorganisation.* — Rapports de MM. A. DODANTHUN et de LAUWERYNS DE ROOSENDAELE. — Brochure, 1 fr. 50.

SEPTIÈME SÉRIE

I. *Le minimum de salaire dans l'industrie à domicile.* — Rapports de MM. B. RAYNAUD, Comte A. DE MUN, Abbé MENY. — 1 volume, 2 fr. 50.

II. *La protection de la maternité ouvrière.* — Rapports de MM. Louis MARIN et Paul STRAUSS. — Brochure, 1 franc.

III. *De la sanction par l'autorité publique des accords entre chefs d'entreprises commerciales et industrielles pour l'amélioration des conditions du travail.* — Rapports de MM. ARTAUD, DESLANDRES et Justin GODART. — Brochure, 1 fr.

L'organisation du travail dans les usines à feu continu. — Rapport présenté par M. BOULI à l'Assemblée générale de Zurich, 1912. — Brochure, 1 fr.

NOUVELLE SÉRIE

*Les publications de l'Association paraissent dorénavant en une série unique
et ininterrompue*

L'Association nationale française examine et discute dans ses réunions périodiques les
questions de législation du travail à l'ordre du jour. Elle publie le compte rendu de ses
discussions. Ces publications sont servies aux membres de l'Association.

Sont membres de l'Association les personnes et les sociétés qui considèrent la législation protectrice des travailleurs comme nécessaire et adhèrent aux statuts de l'Association.

La cotisation annuelle est fixée à 10 francs. Elle est réduite à 3 francs pour les personnes ou les sociétés qui ne demandent pas à recevoir les publications de l'Office
International.

Les adhésions sont reçues par le trésorier de l'Association : M. Léon DE SEILHAC, délégué
permanent du Musée social, 5, rue Las-Cases.

9 782014 026047